A
FASHION Life
KEIKO SASAKI

2006 - 2016.

宝島社

Contents

MY FASHIONABLE DECADE

ひとりひとりに、個性があって、唯一無二の魅力がある。
それを、私なりに見いだし、いかにスタイリングに落とし込むか。
その作業は、決して簡単なことではありませんでした。
なんの縛りもなく自由であればこそ、自分本位にならないように、
どれだけ相手に寄り添えるか——。

私がそうしたスタイリングに対する思考に辿り着いたのは、
駆け出しのスタイリストとしてファッション誌で
月に何百体とコーディネートを作り、モデルに着せるという作業に
追われていた頃に実感したことがきっかけだったのだと思います。

どれだけ自分が満足できるコーディネートが出来たとしても、
それを着こなすモデルに似合っていなければ、誌面では輝かない。
完璧なスタイルや着こなすスキルがあっても、
その人自身の輝きが引き出せなければ、
ページをめくる手が止まるほどの感動は生まれない。

何でも自由にしていい。というこの連載のお話を頂いた時、
私の頭に真っ先に浮かんだのは、そのことでした。
何より綺麗なものが大好きだった幼い頃や、自分がいち読者だった頃に、
美しいものを見るだけで癒され、満たされ、心が躍ったあの感覚を
この連載で表現することは可能だろうか？

A FASHION LIFE——

その人の生き方やライフスタイルから導き出す、新たな魅力。
10年という長い月日を経て、こうして一冊にまとまってみると、
流行にとらわれることなく、その人自身と深く向き合ってきたことが、
ひとつの正解であったことを、私自身も再確認できたように思います。
年代の枠を超えて、テイストのカテゴリーで振り分けた写真たちから感じることは、
「懐かしさ」ではなく、「色褪せない輝き」。
彼女たちひとりひとりの、個性や内なる魅力を写し出してくれた
フォトグラファーの力も然ることながら、
やはり、被写体のパワーがスタイリングに命を吹き込んでくれた
部分は本当に大きいと思う。

どれだけ素敵な洋服を着ても、まるで別人になれることはない。
今の自分に合う服との出会いが、自信を与え、笑顔を生む。
たった、それだけのことだけど、
まだ、そんな出会いを経験したことがないという人がいるなら、
まずは、今の自分を肯定して、プラスをプラスにしていく――。
そんなイメージで、なりたい理想の自分に1歩近づける服探しから、
はじめてみて欲しいなって思います。
それは、決して最先端じゃなくてもいいし、特別高価である必要もない。
大事なのは、それを着た自分の背筋が伸び、自然と顔がほころぶこと。

その姿はきっと、本書の中の71人のように、
誰の目にも素敵に映るはず――

二〇一六年　十二月の東京にて
佐々木敬子

2006-2016.

SONY

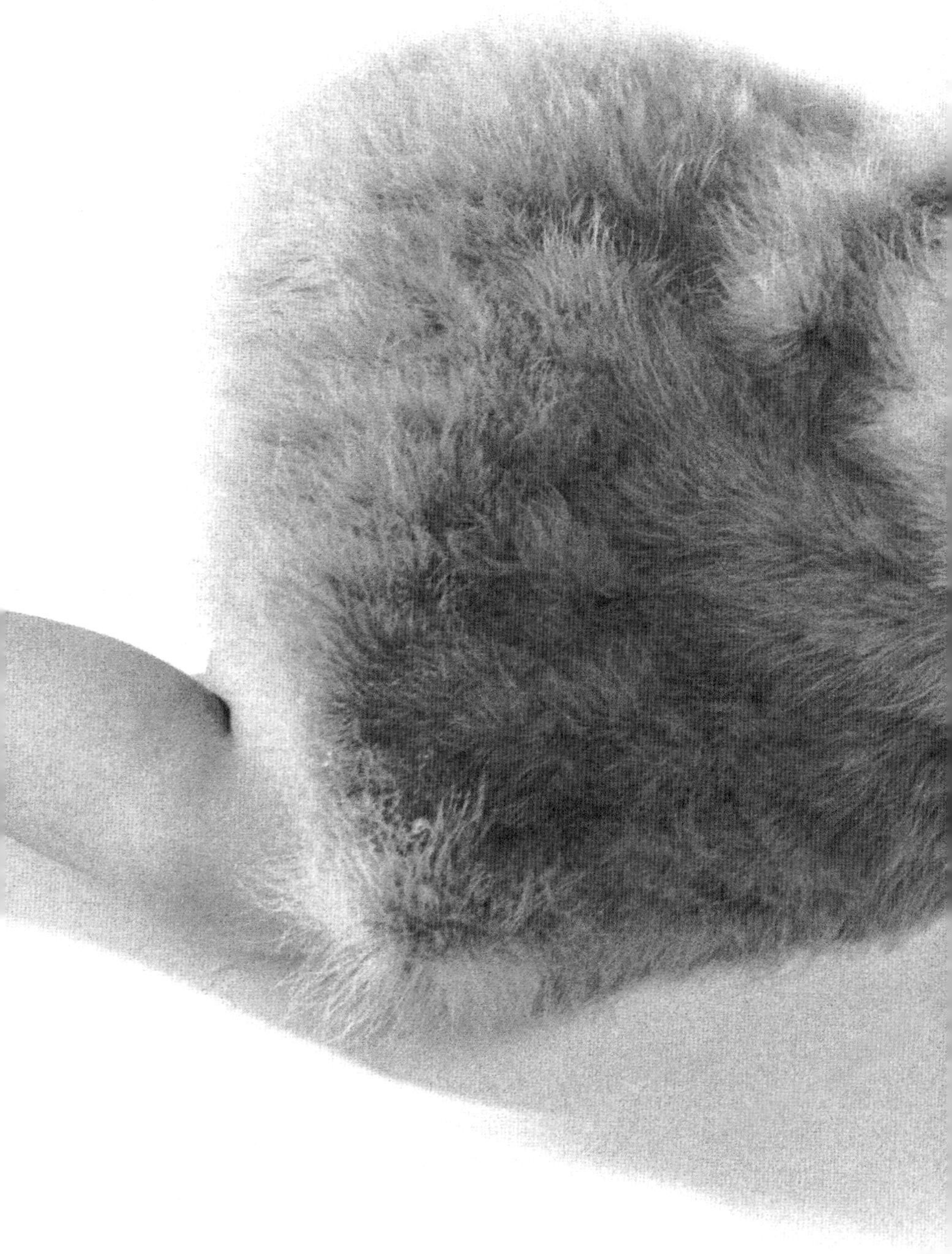

PART 1

WE BLOSSOM INTO WOMEN

なぜ、この連載を10年間も続けることが出来たのか――。それは、きっと、ページを作ること以前に、相手にとって「何か、新たなきっかけになったら嬉しい」とか、「もっと輝いて欲しい」という想いが、常に原点にあったこと。それが一番の要因だったように思います。なぜなら、自分の好きなことを提案するだけの連載だったら、きっと、マンネリに陥ったり、私自身が楽しめなくなって10年も続けてこられなかっただろうから――。

毎回、新たなゲストがいて、相手の個性や魅力をどう生かすか――。私がいつも悩み抜いてきたのは、その一点であって、真剣に向き合えば向き合うほど、その答えを生み出す〝苦しみ〟は大きくて、時には数週間も悩み続けるなんてこともあった。でも、その時間が同時に〝楽しみ〟であったのは、いつもそこに〝相手〟がいたから。生み出す苦しみ――なんていうと、大袈裟に聞こえるかもしれないけど、単純に流行という型に当てはめればいいだけなら、それこそ簡単なこと。でも、それだと、出来上がったものは旬ではあっても、その人自身が生きるべストなスタイルとは違うかもしれない。やはり、〝その人らしさ〟を生かせなくては意味がない。

この連載はもちろんのこと、私のスタイリングは基本的にそんな思考が原点にある――。相手の可能性をどう引き出すか、人が誰しも持っているその人らしい魅力をどう表現してあげられるか――。ハイファッションであろうとプチプラであろうと関係なく、それが帽子ひとつ、シャツ一枚で完成してしまうこともある。実はそれくらいシンプルなこと――。

だけど、同時に可能性がひとつじゃないからすごく悩む。カッコよくもいけるし、可愛くもいける。可愛いパターンだけでも一瞬でいく通りも思い浮かぶ中から、より相手に寄り添った形を模索したい。そんな想いから生まれ、10年続いてきた。それがこの連載なんだと思います。

人に似合うものを聞かれた時に、パッと見の雰囲気や体型などから、AとBならこっち。と提案することは出来ても、それが、3年後、5年後の相手にも似合うとは限らない。連載のタイトルにも繫がっている、ファッション=ライフスタイルという考え方もそこからきていて、〝今の彼女〟から、私が感じるべきは何なんだろう——と相手を掘り下げていく作業を繰り返していくと、不思議といつも、相手のライフスタイルや生き方につながるキーワードに辿り着く——。私自身、驚いたのは、こうして一冊にまとめてみると、10年という月日の流れを象徴するような〝流行〟や〝ブーム〟がひと目で分かるスタイルとは真逆の、普遍的なスタイルが多かったこと。さらに、年代をシャッフルしても、意外なくらい違和感がなかったこと。その理由は、やはり、流行に彼女たちを当てはめず、彼女たちの〝その時の内面〟にフォーカスを当ててきた結果にあるような気がします。私がいくら輝いて欲しいと思ったところで、自分本位に相手を染めようとしてしまったら、この連載は成立しなかったはず。輝いて欲しいと思うなら、〝相手の今〟を無視してはいけない。そのことに確信が持てるようになったのも、この連載での多くの一期一会によって、気づかされた部分は大きいし、何の縛りもなく自由にスタイリング出来る場を与えてもらったお陰で、〝より相手に寄り添うには？〟という私らしいスタンスを深めていくこともできた。そういう意味でも、この連載に出てくださった皆さんには本当に感謝しています。

洋服を選ぶ時に、大まかに分けると「ファッションは自己表現であり、楽しむものだ」というポリシーで我が道を突き進める人と、コンプレックス始まりで、「私にはこれしか無理」など、刷り込まれた固定観念の中でのバリエーションでしか動けなくなっていく人——。もしかしたら、多くの人が後者側かもしれない。かくいう私も、昔は〝すべてがコンプレックスだった〟ひとりなんです。一時は、鏡も見たくなくて家に姿見がない時もあったくらいで、似合う似合わない関係なく「こうなるんだ！」と決めつけて、自己完結していたタイプ。

そもそも、小学生の頃からキレイなものが大好きで、自分という現実を受け入れられず、「足にボルトを入れて長くしたい」とか「整形したい」って、本気で思ってたくらいなの（笑）。もちろん、今も、多少のコンプレックスはあるんですが、いろんな段階を経て、徐々にそういうことが気にならなくなっていった——。たぶん、この仕事に就いたこともきっかけのひとつ。これだけたくさんの人たちとお仕事をさせて頂く機会に恵まれて、それぞれにスタイリングの方法論を見つけ出す楽しみがあって、素敵になるための模索って永遠に続くもので、その可能性も無限——。自分の中で持て余していた美に対する欲求を、スタイリングという仕事で、満たせるようになったというのも大きいのかなって。

私が「着る人に輝いて欲しい」ということにこだわるのも、いわば、そんなコンプレックスの裏返しだったり、スタイリストを始めた当時、雑誌で月に何百体もコーディネートしモデルさんに着せる中で、どんなに完璧なコーディネートであっても、似合わなければ洋服が〝光らない〟し、モデルも〝輝かない〟ということに気づいたから——。そして、もうひとつ大事なことは、「否定からは何も生まれない」ということ。スタイリングする相手を見た時に、いかに相手のプラス要素を察知して、スタイリングにそれを落とし込むか——。「ココがダメだから」というスタートでは、輝きは導き出せない、というのが私の持論。これは、長く仕事をしてきて、本当に実感していることのひとつでもあって、本書を手に取ってくださった方たちにも、まずはぜひ、自分のプラス要素を探してみて欲しいなって思う。

自分を生かす——とは、今ある現状からまったくの別人になろうとするのではなく、すでにある良さを膨らませていくイメージ。タレントさんや女優さんのスタイリングをする時も同じで、相手の仕事の内容や日常の過ごし方だったり、もしかしたら恋愛の状況や、その日のテンションによっても変わるかもしれない。なので、この連載でも、現場で会ってみてスタイリングが予定と変わるということも多々ありました。輝く＝変身、というイメージを持っている人もいるかもしれないけど、実際は、全くの別人になる必要なんてない。その人それぞれの状況の中で、その人を活かすものって必ずあるから。洋服が叶えてくれる変身願望なんて、実は、些細なもの。10年あれば真逆の自分になれるかもしれないけど、今すぐに変わりたいと願うなら、今の自分を生かしながら、理想に近づけていくほうが現実的。「この服を着たらこうなれるよ!」みたいな魔法って、やっぱり内面までには及ばないから。今のベストを引き出すには、今のライフスタイル込みで長所を探すことが先決。マイナスなものは基本的にひとつも見ない。いわば、プラスをプラスにしていく作業なんです。よく言う、削ぎ落していくということとも違って、自分に対してどんなプラスを与えてあげるのか——ということだけ。一番簡単なのは、自分が理想とする幸せな姿からの逆算かな。ページ作りにおいても、輝く姿をみんなも見たいだろうし、求めているはず。特にこの連載では、その人が生きている中で最も輝くシーンを思い浮かべることが多かったように思う。

実際、写真自体も、見た目以上に、その人自身の中からの輝きが際立ってくるものじゃないと、ページになった時に誰も感動してくれない——。写真って一番、わかりやすいんです。洋服が素敵でも本人が沈んでるって感じたことありませんか?私は、昔から笑ってる写真が好きなんですが、実はそれも輝きを放つ要素のひとつ。本物の笑顔にはその力がある。ふとページをめくる手が止まる写真とはどんなものか——。一番敏感なのは、ファッションを知らない、子供やお爺さんお婆さんたちで、彼らが見ても「素敵だよね」って感じるもの。私はそういうものを作りたいし、ディレクションをする上で、最も大事にしてきたこともそこなんです。ロケーションひとつにしても、

「こんな世界に行ってみたいな」とか、夢が広がるようなものにしたい。なぜなら、私もそうして育ってきたから。雑誌で見た赤いワンピースにハッとして「なんか素敵」って心が躍る。着てみたいというよりも、この感じに近づきたいとか、この世界に入ってみたいとか——。ドレスにあしらわれたフリルひとつに感化されたり、それを着てる「この人いいよね」とか。そういった、一枚の写真から伝わってくる波動のようなものを共有したい。そんな想いもこの連載のベースになっていて、だからこそ、こうして一冊にまとめることも意味があるように思えた。単純に、「この洋服が欲しい」と思ってもらうことが狙いの連載だったとしたら、今さら買えないものをまとめたところで意味はないですもんね。

　本書が改めて私に教えてくれたこと——。それは、洋服は着る人のエネルギーや気持ちによって着こなすことが出来るということ。何を着ようが、大事なのは〝生きる姿勢〟であって、服がどうこうってことじゃない。その時のモチベーションが、立ち姿ひとつ、表情ひとつに表れる。可愛い服を着ていても、疲れてうつむいていたら「大丈夫？」ってなる。本書の中のひとりひとりが、輝いて見えるのは、彼女たちの誰もが自分自身を否定することなく、ある種の自信をもってカメラの前に立ってくれたからだと思う。そして、その自信のスイッチを、私のスタイリングで押せたのだとしたら、それはとっても光栄なこと——。そして、本書を手してくださった人たちにも、この一冊が、〝今の自分〟を輝かせる新たな服選びへのきっかけになったら、嬉しいです。

PART 2

MY MUST HAVE ITEMS

色

美しい色を目にしたり身にまとうと、それだけでワクワクしたり、幸せな気持ちになるから不思議。色が持つそんなパワーを日常にも取り入れたくて、私服はもちろん、仕事のスタイリングやもの作りにおいても様々な色をよく使っています。

今でこそ、一般的に黒、グレー、白のように色彩のない色をベーシックカラーと呼び、ファッションやライフスタイルの基本色にすることが多いですが、日本はもともと色に根づいていた国。着物にはたくさんの色が使われ、四季の移ろいに合わせて色や柄の掛け合わせを楽しんでいた――。むしろ黒や白は、冠婚葬祭でしか着る機会がなかったくらいだと何かの文献で読んだことがあります。そんな遥か昔のDNAが色濃く残っているのか、私は、色を着る＝派手と思われていた時代から、色×色のコーディネートを提案し続けてきました。とはいえ、幼少時代によく着ていた色を思い出すと、くすんだグリーンや山吹色といった子供らしくない地味色ばかり（笑）。そのせいか、大人になった今でも、鮮やかな原色より、複雑に色の混ざったニュアンスカラーに惹かれる――。

私が手がけるブランドMYLANでも、色使いには特にこだわっていますが、知らず知らずのうちに和の色をベースにしていたことに最近気がついたんです。自然の草木や花、海や貝殻、空の色や夕日――。田舎で過ごした子供の頃に心に刻まれた色。そこに、旅先で出会った風景や民族衣装、古いフランス映画から影響を受けた色彩感覚がミックスされていくのがいわば、私流。よく、MYLANカラーは他にない色と表現されますが、そのベースとなっている古来から日本人に寄り添ってきた色たちは日本人女性にこそ似合い、より美しく輝かせてくれると思っています。

色には視覚的な美しさはもちろん、身につける色によって、人に与える印象も変われば、着る人の気分も変わりますよね。例えば、イエローやオレンジは太陽のような温かいエネルギーをくれる色で、着るだけで自然と元気が湧いてくる。ラベンダーカラーは女性ホルモンを促すと言われその香りのように癒しと安らぎを与えてくれる気がするし、ピンクより大人っぽい印象になるので、私も普段からよく着ている色のひとつ。

この連載でも、多くの色を使ってきましたが、ベーシックなスタイルに指し色で個性をプラスしたり、なりたい自分のイメージに近づけるためのツールとして色を取り入れることは、洋服そのものとは違い、体型を選ばないという意味でもハードルが低くトライしやすいはず。

撮影現場で私が提案したカラーリングに対して、「この色は似合わないかも」と躊躇するモデルさんや女優さんもいますが、実際に着てみると意外と派手に感じなかったり、新しい自分を発見できた驚きと嬉しさで、パッと表情が華やかになったり、生き生きするのを見るたびに、「やっぱり色ってスゴイな」と、色に宿る魔法のような力を実感してこられたことも、MYLANでの創作に深く関係しているなと思います。

色のある生活は心を豊かにしてくれるだけでなく、時にはインスピレーションの源にもなってくれる。私にとって、色とは、ファッションだけでなく、日常のあらゆるシーンで欠かすことの出来ないパートナーであるといっても過言ではないかも。

花

小さい頃はお花屋さんになるのが夢でした。田舎育ちだったこともあり、草花はいつも身近にあったのですが、お花屋さんに並ぶ綺麗な花々は特にとても輝いて見えたから憧れていたのかなって——。眺めるのはもちろん、花を触ったり、生ける作業も好きで、あの頃から子供ながらに心が洗われるように感じていたのをよく覚えています。スタイリストという職業を知った時点で、その夢は幻となりましたが、花は今でも常に変わらず私の身近にある存在。

白やピンクのバラは、そのゴージャスな存在感もさることながら、香りも大好きな花のひとつ。上品でエレガントな香りに包まれると、どんな時でも心が落ち着き、幸せな心地になれる——。他にも、華やかな大輪のシャクヤク、ぷっくりとした形が愛らしいラナンキュラス……家にはいつも好きな花を飾り、どこにいても花が目に入るようにしておくことが私の日課。仕事場であるアトリエでは、庭に季節の花を植えているのですが、ふとした瞬間に花を眺める、その一瞬の癒しが気分転換となって、また「頑張ろう」という気力が湧いてくるんです。そう思うと、私にとってはある種、お花は、ビタミン剤みたいなものなのかも。

ファッション撮影でもモデルが埋もれるくらいの花をアレンジして、ドラマティックなセットを作ったりするのが大好きなのですが、そうしたファンタジックでフェミニンな世界観ってすごく夢がありますよね。私が昔、雑誌をめくるたびにワクワクしたのはそういった日常とは違う夢の世界への憧れ——。今、こうして身近に花を飾ったりするのは、そういった私が発信し共有したい想いのルーツにあるのかもしれません。素敵なものを眺めていたい、美しいもので癒されたいという、いち読者だった頃の想いとも重なる気がするし、命ある花のフレッシュなエネルギーは、人の心を動かす力を持つ――。ただ綺麗で華やかという理由だけでなく、眺めているだけで自然と笑顔になれたりするような、何か心に訴えかけてくるエネルギーをもっていることも、私が花を好きな理由なのかもしれません。

花にはひとつひとつ表情があって、色彩や造形も違う。自然が生み出したものには、人の手では到底作り出せない美しさがある。何気なく歩いていた道端や旅先で目に飛び込んできた花に、引き寄せられるように魅了され、気づけば夢中になって写真を撮っていたり――。どんなに忙しくても、一本一本大切に生けたり、愛情を込めて水をあげたりしながら、花と触れ合っていると、フラットな気持ちになれるのか、ふと何かが降りて来たようにインスピレーションが湧くことがあったり――。そうして偶然出会った花や、一瞬のひらめきがスタイリングや創作にヒントを与えてくれたりもする――。時に力強く、時に儚い、その豊かな表情や、絶妙な色みがクリエーションのベースになってきたことはこれまで過去にもたくさんあったように思います。

花があるだけで季節の移ろいを感じられ、心に彩りを添えてくれる。花のある何気ない日常が私にもたらしてくれるものは本当に大きい――。これからも末永くお付き合いしていきたいな。

石

石と言ってもただの石ではありません（笑）。宝石や水晶など見た目も綺麗で神秘的な力を秘めた、いわゆるパワーストーンや鉱物。常に身近に置いておきたい存在です。

中でも水晶が一番好きで、今では部屋に雑誌を置くような感覚でいつも置いてあるほど。私にとっては服や小物を買うような感覚で、どんどん集まっていくので、私の水晶コレクションはかなりのものかも（笑）。

石を好きになったきっかけは、スピリチュアルな観点から惹かれたこともありますが、水晶に関しては、よっぽど相性がいいのか、身近にあるとすごく落ち着くんです。

私の仕事仲間の間でも、水晶の浄化パワーを信じている人は多く、それというのも、普段、窓のないスタジオに何時間も籠っているような仕事だけに、〝空気が重い〟とか、〝気がいい〟といったことに敏感になっていくのかもしれません。かくいう私もそのひとりで、水晶の浄化パワーに頼るべく、気づけばどんどん大きなものを選ぶように（笑）。家やアトリエのさまざまな場所に水晶の結晶が置いてあるのはもちろんのこと、海外ロケにも結晶を持っていきスタッフに驚かれたこともありますが、私の究極の夢は水晶の家に住むこと（笑）。といえば、どれくらい好きか想像つきますよね。

石を集めるようになったのは、旅先で必ずといっていいほど、石との出会いがあったこと――。そもそも、色が好きということもあり、ストーンショップに並んだ色とりどりの石たちはそれだけで私を惹きつけ、旅の思い出も兼ねて集めだしたのがはじまりだった記憶があります。水晶、ターコイズ、エメラルド、ダイヤ、ラピスラズリ……興味を持つと何でも深く探求したくなる性格もあるけれど、これほどまでに好きになれたのは、そのひとつひとつに天然の美しさが宿っていることが一番の理由かもしれません。色の世界が好きな私にとって、色彩豊かな宝石の美しさは特別なもの。地球の生み出した石には、人の手が及ばない偉大さを感じますし、この小さな造形に地球のエネルギーが宿っているんだなと思うと、これ以上のお守りはない気がして、もう10年以上も前から親しんできました。

なかでもセドナで巡り合ったターコイズは、その後、私がジュエリーデザインを始めるきっかけにもなった、個人的にも思い入れの深い石。ターコイズは、ネイティブアメリカンにとって身の危険やネガティブなパワーから守ってくれる神聖な存在。それまではメンズライクなインディアンジュエリーの印象が強かったけれど、世界有数のパワースポットとして知られるセドナでその意味を知ったことで、特別な思いを抱くようになりました。パワーを秘めた石を自分で選び、ファッションの一部としても取り入れやすい洗練されたデザインに落とし込む——。もちろん、石のいわれなど気にせずにデザインを気に入って頂けるだけでも嬉しいことですが、本物の石を扱うことで、身に着けてくださった人を内面から輝かせるようなジュエリーを作りたいという想いは昔も今も変わりません。

長らく抱いているジュエリーデザインへの想いはそろそろ本格的にスタートしそう——。きっと、思い入れいっぱいのこだわり抜いたコレクションになると思うので、ぜひ、楽しみにしていて欲しいな。

香

道ですれ違った時に、風に髪がなびいた瞬間に、ふわっといい匂いがする――。私はそんな女性を素敵だなって思うし、それだけで魅力的に感じてしまいます。

私にとって香りは、昔から女らしさの象徴みたいなものでもあり、高校生の頃からずっと、大人になったらいい匂いのする女性になりたいと憧れていました。

年齢を重ねる中で色々な香水をまとってきましたが、ずっと変わらずに好きなのはローズとネロリの香り。ローズ系にはさまざまな種類がありますが、ジョー マローン ロンドンとトムフォードが私の定番。上品でやわらかな自然の優しさがあって、まるで本物のバラをまとっているような香りがとても魅力的。ネロリ系ならディプティックがお気に入り。たまに他の香りについ浮気をしてしまっても、最終的には結局この2つの香りにまた引き寄せられちゃうんです。

フランスではその人の一部とまで言われる香水。〝香水を身につけない女性に未来はない〟とココ・シャネルが残した名言もあるように、香りは女性の個性を表現するひとつのツールでもある――。ある大女優さんの香りにまつわるエピソードで、舞台の仕事が決まると、演じる役をイメージした香りを買って、必ずそれをつけてから舞台に上がるという話を聞いたことがあります。香りをまとった瞬間から、その女性像になりきれるんだとか。とてもユニークな発想で素敵ですよね。確かに、香りはその人を印象づけるもので、どこかで同じ香りがすると、相手との記憶が思い起こされたり、情景までもがリアルに思い浮ぶこともある。

五感の中でも嗅覚が最も記憶との結びつきが強いようで、香りで人のイメージが作られるなら、なりたい女性像に近づくためにまず香りから選ぶのも近道かもしれない——。明るいイメージなら柑橘系の爽やかな香り、大人で女らしい女性像なら濃厚な香りと、香りを使い分けることで、仕草まで変わってくるように思います。

五感の中でも嗅覚は、脳や心と深く繋がっているといいます。好みの香りを嗅ぐと心地よくなれるし、香りによって癒やされたり、集中力を高められたり……。私はそんな香りの効能を日常にも積極的に取り入れるようにしています。自宅やアトリエに飾っている花は空間を心地よい華やかな香りで包み、リラックスできる雰囲気を生み出してくれるし、常に持ち歩いているアロマオイルはどんな場所にいても自分の心をフラットにしてくれる頼れるアイテム。特にシゲタのブレンドエッセンシャルオイルは片時も手放せないほどで、打ち合わせで煮詰まった時などに使うと、頭がスッキリして新しい角度から物事を見られるようになったり、慣れない旅先でも心地よい眠りに就けたりします。

そうした好みに合ったお気に入りの香りを使い分けられるようになると、自分のコンディションをコントロールできるようにもなるし、ストレスの軽減にも繋がっているような気がする。

自分らしくいられたり、リラクゼーションとしての香りはもちろんのこと、感覚をも研ぎ澄ますことにも長けた香りは、これから年齢を重ねてもずっと愛用していきたいと思います。

MYLAN over the years

人生は旅。〝Life is journey〟をコンセプトに、最高級のカシミアやリネンといった上質素材と美しいカラーバリエーションで、ライフスタイルにまつわるアイテムを展開しているMYLAN（マイラン）。長年の夢であったブランドがスタートして3年。これまでの人生で、そして世界中を旅してきて、見たもの、聞いたもの、感じたもの……私の中に溜めていたあらゆるイメージや感情を反映させたもの作りという新たなフィールドが加わったことは、私の人生の大きな転機になりました。

MYLANとは、以前初めてアメリカ・セドナを旅した時に耳にした言葉——。ネイティブアメリカンから〝地球と共に〟や〝地球を抱く〟という意味を持つ言葉だと教わり、その響きと意味に感銘を受け、以来、いつか自分のブランドネームにしようと決めていました。それから約8年という月日が流れ、ずっと温めてきた構想がようやくひとつの形になりました。

着心地がよく、旅先にもリゾートにも持っていける服。日本ではまだ浸透していないリゾートファッションを広めたいという想いだけでなく、MYLANというブランドの根底には〝自然と共に生きたい〟という想いも共存しています。花や植物、石が近くにあるだけで、都会にいながら自然を感じられるように、肌に優しい着心地、体を締めつけないシルエット、草花や風景にインスパイアされた色使い……身にまとうだけで、まるで自然の中に身を寄せているような穏やかな気持ちになれる。MYLANはそんな服でありたいと願っています。

MYLANを始めるまでは、私自

身、もっとエッジの効いたファッションが好きで、タイトなシルエットや体を締めつける服ばかりがクローゼットを占めてました。〝おしゃれは我慢〟とばかりに、少々窮屈に感じても見映えが大事と思っていましたし、一般的にもファッションは我慢するもの、という認識が時代背景的にもあったように思います。肩パッド入りのジャケットを着てメイクも濃かった80年代、90年代。2000年代に入ってからはギャルブームでファッションの傾向こそ変わりはしたけれど、服装もメイクも濃かったですよね（笑）。その後に巻き起こった〝大人可愛い〟という現象も、ファッションやメイクは〝作られた〟ものでした。

その反動もあって、今は〝抜けている〟感じが求められ、シンプル服が流行り浸透しだした。さらにリラックスウェアや心地いいライフスタイルを提案するショップやブランドも増え、時代もエフォートレスな流れになっている——。今でこそ、そんな波にMYLANものっているように見えますが、ブランドを立ち上げる決意をした8年前は、ライフスタイル提案が切り口のブランドは稀で、服だけでなく、ポーチやタオル、シーツといった生活にまつわるいろんなものをトータルで作りたいと熱く語っていた記憶があります。でも、時代的に早すぎたんでしょうね。振り返ってみると、ブランドを始めるまでに時間がかかったのにも、やはり意味があったんだなと——。

ファッションやメイクに気合が入っていた頃は、私もどこか戦闘的で、本来の自分らしさを出しづらかったのかもしれません。年齢を重ねるにつれ、女性が仕事を続けていくには、実際、戦わなくてはいけないことも多いとはいえ、常に力んでいる状態だったように思う。でも、自分の将来を考えた時に、今のままの人生は選びたくないと思った。家にいる時のリラックスした気持ちや自分らしくいられる時間と同じように、外でももっと私らしく生きたい。そういう想いがMYLANの〝自然と共に生きたい〟というコンセプトにも影響したのだと思います。いわば、MYLANは私自身の経験を踏まえて辿り着いた答えそのものなんです。

　MYLANの服は、できるだけ装飾を控えて、シンプルに、着る人の内面を引き立てるようなデザインであること――。服自体が主張するのではなく、あくまでも服を着る人が主役。身にまとう人のパーソナリティを際立たせるような存在でありたいと思っています。ただ、シンプルと言っても地味には転んで欲しくないので、スタイリスト人生で培った知識を生かし、女性っぽくなるエッセンスやデザインをほどよくミックスし、コーディネートを考えなくても一枚で成り立つように仕上げています。

「MYLANは着る人によって表情が変わる」とよく言われますが、本当に着る人によって全然雰囲気が変わるんですよ。それはシンプルな洋服だからこそ、その人自身にすぐさま寄り添い、馴染んでくれるから。着心地のいい服を着るだけで、たちまち表情さえも変わり、その人の洋服になってくれるから、不思議。

　そして、素材と色へのこだわり。私の大好きなカプリ島からインスパイアされたイタリア糸のリネンを中心に、カシミア、コットンシルクなど肌が喜ぶような天然素材をセレクトしています。色はブランド立ち上げ当初から、MYLANカラーという愛称で親しんでもらっているパープルやターコイズグリーン、イエロー、ピンク、ペールブルー……他ではあまり見かけない微妙な色合いは、自然界からヒントを得たものばかり。どんな人にも似合う色を見つけてもらえるように、カラーバリエーションも豊富にしています。クローゼットに一枚加わるだけで毎日がワクワクする、そんなスペシャル感のあるブランドに育っていってくれることが私の夢であり、MYLANにとっての理想のカタチ。

ブランドを続けていくにはビジネスとしての成功ももちろん大切ですが、私にとってMYLANはいわゆるアパレルブランドというより、想いを伝えられる場のひとつ。ちょっとスピリチュアルな観点で話すと、物にもエネルギーが宿っているので、服作りは、服を通して私のエネルギーを届けることにもなる。あえて言葉にして伝えなくても、MYLANを特別なものに感じてくれていたり、愛着を持ってくれる人も多く、それは、私の込めた想いが伝わっていることでもあって、とても嬉しく思います。

デビューコレクションはドレスやニットが中心でしたが、デニム、ルームウエア、帽子とシーズンを重ねるたびに新しいアイテムも少しずつ増やしてきました。次なる目標としては、私のライフスタイルにも定着している天然石を使ったジュエリーをファッションと合わせて提案していきたいと考えています。色も花も石も香りも、私が大切にしているものは全てがMYLANに繋がっていく——。

着る人のライフスタイルや生き方が表れ、その人らしくいられる。これからもMYLANという世界で、人に寄り添う服やものを作り続けていきたい。それが最大の願いです。

AV
MARITTIMI
TICKETS - BIGLIETTI PER NAPOLI E SORRENTO
7,35 _ 9,15 _ 12

PART 3

7 THOUGHTS IN MY LIFE

1 Get excited
with being yourself

2 Meeting new people
is a treasure

3 Dream will come true
if you wish hard

4 Live well day by day

5 Grow your good points
instead of your complex

6 Be true to yourself

7 Live gently

1

Get excited with being yourself

やっぱり、毎日笑って楽しく過ごすことって一番大切。なぜなら、人生は長いようでいてあっという間だから。小さなことで悩んだり、不安に駆られてしまうこともあるけど、それが大半を占めてしまったとしたらもったいない——。なので、私は出来る限り、仕事でも気心知れた人たちと、そしてプライベートではより大切な人達と時間を共有しながら、日々、自分の“好き”と“楽しい”に囲まれて暮らせるように心がけています。

毎日身にまとう服やバッグや小物はもちろんですが、自宅のインテリアやアトリエの空間も、ひとつ、またひとつと増えていったお気に入りのモノだけ。そして、少しでも気になったことや興味の湧いたものに対しては、積極的に取り入れたり、経験してみたり——。そんなふうに、心が喜ぶようなことに素直に耳を傾けていると、自然とポジティブな連鎖を呼ぶのか、毎日が楽しくなっていく気がするの。すごく単純だけど、意外と生きていく上で大切なことって、実はそれくらいシンプルなことなんじゃないかなって——。

そう心がけてはいても、日々の中で問題が起きたり、嫌だなという感情を避けられない時もある。そんな時は、些細なことであっても、その原因と向き合うしかない。何に嫌だと感じているのか、その状況を我慢してでもやるべきか——。要は自分が納得できるかどうか。例えば、自分の成長のために必要であると納得できれば頑張れるし、不必要なことであると判断したならそこにエネルギーを使うことはしない。そういう部分もすごくシンプル(笑)。とはいえ、すぐに解決しない時もありますよね。そんな時は、それを上回るくらい“楽しい”や“好き”の分量を増やす。その癖をつけていくと、自然と嫌なことも寄って来なくなる。私はそんなふうに感じてます。

2

Meeting new people is a treasure

私がこうしてスタイリストを続けられているのも、いろんな人との出会いやご縁があったから——。18歳で夢だけを抱えて上京し、右も左もわからなかった時代にスタイリストになるきっかけを作ってくれたアルバイト仲間、出版社に毎晩のように寝泊まりしていたアシスタント時代にスタイリストデビューのチャンスをくださった編集さん、仕事でご一緒してきた女優さんやモデルさん、すべての撮影に携わってきた多くのスタッフさんたち、そして私の右腕となりスケジュールをコントロールしてくれるマネージャーなどなど、本当にその時々で、助けられ、支えてもらい、今の自分があります。

それこそ若い頃は、集中するとそれ以外が見えなくなり、自分のキャパシティを超えたことにも気づかず、作業中に倒れるように寝てしまったり、今思えばとんでもない失敗を幾つもしでかしてきました。破天荒で危なっかしい——。当時の私はきっとそんなイメージを持たれていたのか、心配して気にかけてもらうことが多く、そんな人の優しさが私を前進させてくれた。そういった経験から得た教訓として、アシスタントが巣立つ時に必ず伝えることがあります。それは、とにかく与えられた仕事は一生懸命頑張ること。相手の年齢や肩書で態度を変えないこと。どんなに仲良くなっても馴れ合いはしないこと。そして、親しき仲にも礼儀あり。言葉にすると、ごくごく当たり前のことですが、そのベースがあって初めて相手も私を尊重してくれるし、いざという時には手を差し伸べてもらえたりもする。そして、もちろん、人から受けた好意や気持ちは、私もたくさんの人に返していきたい。自分ひとりで出来ることなんて本当にたかが知れてる。感謝の気持ちの大きさは、大きな夢を叶えることに比例する。これは私流の格言でもあるの。

3

Dream will come true if you wish hard

“願えば叶う”。これは私のモットーで、心の底から強く願っていれば、100%実現すると信じています。これまで、東京で生活するという夢も、スタイリストになりたいという夢も、自分のブランドMYLANを立ち上げたいという夢も、全て叶ってきました。もちろん、その夢のために、相応の努力をしてきた自負もある。ですが、努力だけで掴めたものか？と自分に問うてみると、それだけとは言い切れないのも事実で、チャンスやタイミングも多く関係していただろうし、その部分を補ったのは、やはり“なりたい自分のイメージを具体的に思い描くこと”で、その方向に進んでこれたのかなって。

よくトップアスリートの方が、表彰台に立つ姿を繰り返し想像すると言いますが、イメージトレーニングはやっぱり大事。なりたい、なれたらいいなと憧れているうちは心の中に不安やどこか自分を信じられない気持ちがあるのか、なかなか実現しにくいけれど、既に夢を叶えたものとしてイメージすることで、より具体的にその姿に近づける——。私も、それって確かにある！と思うんです。

私の場合は、年始に一年の夢や目標を立て、半年単位、月単位でここまで達成しようというビジョンを描きます。そして、節目の歳には5年後、10年後の目標も立てるようにしています。30代後半の時は、40歳からの10年をどう過ごしたいか考えました。子供を授かり、母として、一人の女性としてどうしていきたいか。やりたいことをいつまでに実現したいか——。それらを頭の中に思い浮かべるだけでなく、きちんと手帳に書いておいて、さらに、定期的に見返すことで日々のモチベーションもぐっと高まる。叶えたい夢がある人には、ぜひ、この習慣をお薦めしたいな。

4

Live well day by day

夢や目標があると、誰でも頑張ろうとしますよね。でも、目指すところがあまりにも高すぎると、意思に反して、心が先に無理かも……と拒否してしまうことがある——。そんな経験ありませんか? 私は、いつからか、大きな幸せを手にするには“小さな一歩から”だと思うようになって、日々の目標をひとつずつクリアしていくことを大切にするようになりました。

例えば、次の休みには息子を連れて海に行ってみようとか、事務仕事は早朝にまとめて忙しくても規則正しい生活をキープしようとか、まずは手の届く範囲内で目標を立てる。人から見れば小さなことかもしれませんが、達成出来た時はやっぱり嬉しいもの。そんな感じで、1個クリアしたら、また次の小さな目標を立てていく。そうして、“やり遂げた”という成功体験を積み重ねていくと、それが自信となり“無理かも”と端から諦めることをしなくなる。

過去には、あれもやりたい、これもやりたいと欲張り、結局何も手をつけずに終わって、時間を無駄にしてしまったこともありました。時間はいくらでもあるようで、実際は限られたもの。特に年齢を重ね、子供が生まれてからは、母親業と仕事の両立で一日一日があっという間。気づくともう夜? と思うことも多々。それくらい時間の流れをとてもスピーディーに感じるからこそ、一瞬一瞬を大切に意識して生きていかないと、何も成し遂げられないまま毎日が過ぎてしまう。小さなことでも1個ずつ、諦めないで進むこと。その繰り返しが、結果として大きな夢や目標へも近づいていけるんだろうし、ここぞ! というチャンスを掴んでいくコツなんじゃないかなって思うんです。

5

Grow your good points instead of your complex

“女性が素敵に綺麗に見えること”。これは、私がスタイリングでも服作りでも、何より一番に心がけていることであり、言い換えれば、着てくださる方に自信を与えたいという想いからきています。
誰しも少なからずコンプレックスを抱えていて、それは女優さんやモデルさんでも同じ。もちろん、私もそのひとりでしたが、“相手のいい部分を伸ばしていく”というスタイリングの視点が自分に対しても反映されて、自然と変わっていけたんだと思います。

自分の魅力を生かすためのファッションを提案する。それが結果として自信に繋がりコンプレックスも薄れていく——。輝きを生むという意味でも、“自信を持つ”ことは大事だし、たとえそれが根拠のない自信だったとしても、ないよりは、断然あったほうがいい。

私は、スタイリストを始めてから長い間、自分のことを認められず、苦しんだ時期がありました。「もっと頑張らなきゃ、もっと頑張らなきゃ」というのが口癖で、仕事量は多くても内容に誇りを持てず、常に自分を卑下してばかり。そんな堂々巡りだったある時、「もっと自分を認めてあげてもいいのでは?」と、吹っ切れたんです。簡単に言えば、今の自分に自信を持つと決め、いい意味で開き直った。そして、自分の意見や気持ちもきちんと伝えるようになった。すると、不思議なことに周りの対応も変わり始め、一気に流れがいい方向に動き出したんです。コンプレックスと同じで、自分を卑下し可能性を狭めていたのは他でもない自分自身だったんだなと——。
皆さんはどうですか? ちゃんと今の自分を認めてあげていますか?

6

Be true to yourself

「これで良かったんだろうか?」「もっといいチョイスはないだろうか?」そんな問いが、それこそ24時間とめどなく頭の中をグルグルしてる――。実は、これが普段の私なんです。

そうして答えを出しては迷い、悩み、本当にひとつのことを決めるのが大変! 時にはそれまで順調に進んでいた道をゴール間近で急遽変更し、別の道に行ってしまうこともあったり――。その理由はやはり、"ベターよりベスト"を追求したいという想い。いつも一番いい結果を目指しているだけと言えば、聞こえはいいけど、その決断によって周囲を巻き込み、振り回してしまうことも多々。そういう意味では、かなり面倒臭い人間だと思われてるだろうなぁって(笑)。でも仕方ない!

スタイリストは、いわば探し物をする仕事――。クライアントから「次の撮影でピンクのドレスを着たい」と言われたら、時間の許す限りそれだけを探し続ける。そのたった一枚を探すのに何十軒もお店を回り続けて、撮影の直前になってようやく運命の一着と出会えた! なんてこともよくある。どれだけ精神的に追い込まれても決して諦めなければ、必ずベストな答えに導かれるもの――。そして、何事も自分が納得できるまで流さずにやり切ることは"後悔しない生き方"にも繋がると思う。私はそう信じています。何より長年の経験がその裏付けでもあるし、この生き方はもはや変えようがないかも(笑)。

7

Live gently

姿勢、歩き方、しぐさ、言葉使い……年齢と共に、その人の言動や生き方は顔に表れてくるもの。しぐさや佇まいの美しい女性は、幸せなオーラをまとっていますし、その逆も然り。若い時はさほど気にならなくても、40歳あたりを境に、その差は大きくなっていく——。どれだけファッションやヘアメイクが綺麗であっても、言葉使いや所作で損している人もいたり、長い付き合いで内面を知り尽くしている友人であれば誤解しようもないですが、今日が初めてという相手も多い仕事上、良かれと思ったフランクさが場合によってはマイナスの印象を与える場合もある。人は鏡とよく言うけれど、些細な日常の出来事から学ぶことも本当に多いですよね。

お世話になった人にお礼状を書く、四季の移ろいや伝統行事を大事にする、そういった日常の何気ないひとつひとつに心を込める。丁寧に生きることは、自分を大切にすることでもあるし、相手への思いやりでもある——。こういったことへの気づきは、子育てがきっかけでした。子供のお手本となる挨拶や礼儀作法を身につけたい、と思うようになり、改めて自分自身を見返してみると…（笑）。まだまだ、私自身が学ことばかりで、偉そうなことは何ひとつ言えませんが、普段の言動はもとより、子供には日本ならではの美しい言葉や素晴らしい文化も受け継いでいってもらいたいですし、私自身も年齢にふさわしい内面を伴っていけるように——。今後は、人としての成長を目標に、毎日を丁寧に生きていきたいなって思っています。

PART 4

FROM ME TO YOU WITH LOVE

1　梨花

スタイリングや撮影のシチュエーションで全く違う女性像を表現して魅せるプロフェッショナルな姿に、唯一無二の存在だと感じさせられる梨花。当時sweetに出ていた彼女は、甘くガーリーなテイストが多かったなかで、Tシャツにサラリと黒いジャケットを着た姿とエモーショナルな表情が衝撃だった。

2　長谷川潤

太陽の光の色のようなイメージなのに、本人がプライベートで着る服はモノクロームな印象の潤ちゃん。薄っすらと日焼けした肌に馴染む色をテーマにスタイリング。スモーキーなブルーグリーンやライラックは、彼女をいつもより大人っぽく新鮮に映したように思います。

3　上戸 彩

女優として活躍する彼女に、実年齢よりもちょっと大人の女優像を投影。往年のハリウッド映画の舞台裏を思わせるクラッシックなセットで、それがモダンに見えるようなコーディネートを意識しました。見事に着こなした彼女から漂う上質感は、誰もが憧れるような美しさに。

4　石原さとみ

女の引き出し。可愛い女の子というイメージが強い彼女の、多面的な魅力を引き出してみたいと思ったスタイリング。ふわふわしたファーの時はコケティシュな可愛らしさで、センシュアルなレースのドレスの時はアンニュイにと、服を着替えるごとに、そのコーディネートの持つ女性像に憑依するかのごとく、違う表情を見せる彼女の表現力。それに引っ張られ、想像をいい意味で裏切る撮影になったように思います。私は現場で起こるこういう嬉しい裏切りが、大好きです。

5　水原希子

鏡の中のアリス。誰でも似合うわけではないロングドレスが、彼女の抜群のスタイルの良さと、独特な感性によって、新しい見え方になるだろうと楽しみだった。彼女の個性や存在感がより際立つように、ドレスでしたが、あえてのノーアクセサリーでスタイリング。

6　二階堂ふみ

小柄ながら秘めた強い個性を、とにかく派手でポップアートのようなスタイルに仕上げたくて、彼女に負けないパワーのある服を選びました。そのスタイリングを知らない彼女が何故か、わざわざ持ってきてくれたウイッグとの偶然のコラボレーションで、さらに作品の完成度が上がった。これが撮影の醍醐味。

7　ローラ

溢れ出す好奇心のかたまりのような彼女。高いポテンシャルとバランスのとれた体は、どんなに難しいトレンドさえも、自分のものとして着こなせてしまえる。だからこそ、あえて王道のファッションシュートをするのではなく、コケットな魅力を引き出してみたかった。ホテルの一室でランジェリードレスを着て、猫のように気ままに過ごす姿に、バルドーのような小悪魔的な可愛さと大人の女性のグラマラスな魅力を詰め込んで。

8　菅野美穂

最初に彼女をイメージして準備していたのは、レースやフリルのレディライクなパステルトーンの服。ところがもうひとつマニッシュなイメージで用意していた方が、この時の彼女の雰囲気にはしっくりと馴染んだ。シックな黒を選んだことで彼女のパーソナリティが引き立ってより一層、魅力的な部分が引き出せたと思います。

9 秋元 梢

映画のワンシーンのようなイメージで絵作りをしました。トレードマークの前髪をアップにして欲しいというお願いに快く応えてくれた彼女。自分のスタイルを決め付けすぎない柔軟な姿勢にも惹かれたのを覚えています。ディオールの服を着てカメラ前に立つ姿は、ジャパニーズビューティという言葉がぴったりだった。

10 ヨンア

モダンフェミニティ——。当時コンサバティブな印象があった彼女の中に眠るフェミニンさを引き出したいと思ったのがきっかけ。モード感と上品な女性らしさの絶妙なバランスがお洒落感を生むクロエの服で、彼女の新たな魅力を引き出せたように思います。

11 黒田エイミ

彼女のおおらかな女性性と鋭い現代的な感性、それがこのシーズンのアレキサンダー ワンのミニマルなルックにリンクした撮影でした。透明感のある美しい彼女の素肌をいかしたナチュラルメイクに、決め込まない動きの途中のようなポージング、ころころと変わる表情——、形式美に囚われすぎないリアルなムードを表現したかった。

12 佐田真由美

このシーズンのGUCCIは、自分でもドレスを購入したほど、個人的にも好きだったコレクション。美しいプリントや色彩に負けない、同じだけのパワーと存在感を持ってこれを着こなせる女性として、すぐに思い浮かんだのが真由美ちゃんでした。服と彼女の色気と迫力のある世界観を、なにもない大自然で表現したくて砂漠へ。

13 BRENDA

とにかくさらりとまとった赤が青い空の下で美しく、いかにさりげない瞬間にドキッとさせられるか——。そんな一瞬に賭けた撮影。ただシンプルであれば良いというわけでもなく、何かが必要。そんな洋服探しをしていた時、この大胆に背中が開いたワンピースと巡り合い、瞬時に写真のイメージが浮かんでいました。

14 小松菜奈

CHANELのこのコレクションで、印象的なプリントのロングドレスを見た瞬間、パッとクリムトの絵が浮かびました。その絵画のイメージと彼女のフレッシュな魅力を融合させたくて、ストリート感のある東京の街並みと、重厚感のあるカラーバック、2つを組み合わせて撮影。今の時代をまとう彼女だから出せるムードがスタイリングの鍵でもありました。

15 中村アン

花とドレスとアン。花と戯れる彼女のイメージが浮かび、それをテーマにしました。そして、ヘルシーで美しい体を生かすような露出のあるワンピースを探すことに。肌を出したスタイリングだからこそ、きゅっとエレガントにまとめたヘアで上品に。

16 吉川ひなの

彼女の持つネイティブアメリカンな雰囲気を、光と影を使ってロマンティックに落とし込んで。私が普遍的に大好きなボヘミアンなスタイリングです。

17　紗栄子

女の子が誰でも好きなピンク——。そのグラデーションだけでコーディネート。撮影した場所も色にかけて、ピンクパレスと呼ばれるハワイのラグジュアリーホテル、ロイヤルハワイアンでした。ハワイの神話に出てくる女神をイメージして。

18　西内まりや

大人びた色気。初めましての方にも多く出演して頂いたこの連載、彼女も実際にお会いすると、私が想像していた以上にとても抜け感があって可憐に感じました。だから、ちょっと背伸びした色気をまとわせてみたかった。ミニなどの肌見せする洋服よりも、シルエットを強調するようなラインと、肌を覆ったレースやベロアの素材感でエッジのある女らしさ表現。

19　大屋夏南

70sを感じるヴィンテージライクなコレクション。ミラ・ジョボヴィッチの手掛けていたジョボヴィッチホークがこの頃大好きで、よくスタイリングに使っていたし、私服でもたくさん着ていたのですが、それが夏南ちゃんの雰囲気にピッタリでした。あいにく雨が降ってしまった撮影でしたが、それが逆にドラマティックな絵を生んだ撮影。

20　ヨンア

透明感と柔らかい女性らしさのあるヨンアちゃんに着てもらいたかったMYLANの2ndコレクション。肌触りのよい上質なカシミアの質感にカラフルなマイランカラーで、ナチュラルな彼女の雰囲気が華やかに。

21　岩堀せり

ジュエリーや小物をテーマにした撮影ではありましたが、とにかくせりらしく格好良ければよし！ そんなテンションの現場だったのが印象的。スタイリングは、エッジの効いた小物に、シフォンなど女っぽいドレスのミックスコーデ。ロックスターの彼女がテーマ。

22　太田莉菜

トランスジェンダーな雰囲気が魅力的だった彼女には、シノワズリーな花柄使いでノスタルジックなイメージに。足元はハズしのキラキラシューズ。

23　ソノヤ・ミズノ

撮影した頃、ロンドンを行き来していた彼女の国籍に縛られないボーダーレスなムードに惹かれました。バレリーナでもある彼女の才能とボディを生かし、踊ってもらいながら撮影したくて、それを引き出すようなスタイリングに。美しいダンスの写真を選びきれなくて、それを存分に生かせるレイアウトにもこだわった作品です。

24　小嶋陽菜

当時、アイドルという印象が強かった彼女ですが、その枠から飛び出したビジュアルを作りたかった撮影。女性らしいカーヴィーな体のラインを生かしてスタイリングしました。すごくカラフルな服を着てもらっていたのですが、より今までに見たことがない印象的でインパクトのある彼女が浮き出る誌面にしたくて、最後の最後に考え抜いてモノクロに。

25　森絵梨佳

衝撃的なピュア感。森のように見える公園で、彼女は常に踊っているように動いていて、それをカメラマンが切り取っていった撮影でした。彼女の感性の鋭さに引き込まれた感じ。実は寝転んでいるように見える姿は、木の枝の上にいるんです！

26 木下ココ

大好きなリゾート地、カプリ島でシネマのように。ディオールのカラフルなドレスをまとったココちゃんはバルドーのようなムードに仕上げたかった。

27 SHIHO

マラケシュからアトラス山脈を越え、旅をしながら撮影した思い出深いストーリー。現地で買ったスカーフやアクセサリーなど、その土地のものをスタイリングに加えたりして場所の雰囲気にマッチさせました。世界遺産の遺跡を背景に撮影した時は、あまりの寒さと感動で、ポロリと流した涙がドレスの雫とリンクして、ラストカットは特に記憶に残る一枚に。

28 長谷川潤

鮮やかなイエローのドレスやエキゾチックなミックスカラーのニット、ハイブランドのクルーズラインを持って、少し早い春を感じる場所へ行きたくて、真冬の九十九里でロケをしました。ハワイ島で育った彼女の伸びやかな美しさと、大地や海といった自然の美しさはとても似合う。

29 道端ジェシカ

プラハでプラダ。このシーズンのプラダのコレクションがとても印象的で、ギンガムチェックがすごく好きだった記憶があります。深いV開きのニットや、オフショルダー、色×チェック柄——、彼女の赤いリップが、プラハのノスタルジックな街並みにとても似合っていました。

30 水原希子

オスマントルコ帝国時代の優美な建築、ラグジュアリーでエキゾチックなジュエリー、カラフルな色使い——、惹かれるがままにプライベートでも何回も訪れたイスタンブール。その異国情緒溢れる場所からイマジネーションをふくらませ7ブランドをチョイス。ザ・ファッションシュート。インターナショナルな彼女のムードが東洋と西洋の交じり合うこのイスタンブールという国にとてもマッチしてドラマティックな仕上がりに。

31 山田 優

ブルーモスクのモザイクタイルにミッドナイトブルーのロングドレス、ペルシャ絨毯にミッソーニのアイコニックなミックスボーダーのドレス——。歴史的な場所からスークまで、イスタンブールらしい場所で、旅をする女性の姿を切り取るように撮影。ちょっぴりロックなイメージの優ちゃんの、しっとりとした女らしい部分を引き出したかったロケでした。

32 中村アン

共に旅がテーマのヘレンカミンスキーとMYLANをシドニーで撮影。ここではヘレンカミンスキーの工房も訪れ、物づくりの背景を知ることが出来たことも素敵な体験でした。太陽が似合うアンちゃんのナチュラルな魅力も溢れていました。

33 道端ジェシカ

レースから漏れる光、ボディラインが透けるプリントドレス、ラグジュアリーボヘミアンなスタイリングをLAのベニスビーチのサンセットを狙って撮影。撮影した2000年当時、LAカジュアル全盛期で買い付けや撮影でかなりの頻度でLAに行っていました。私のボヘミアン好きが最高潮だったころ。

34 SHIHO

夕暮れのパイナップル畑でボヘミアンなロングドレスを風になびかせるSHIHO——。それが例え、現実離れしていても、これは撮影！ こんな格好していたら可愛いじゃない！ こんな格好して旅をしたいじゃない？ と思うようなドラマテッィックなスタイリングでロードムービー風に撮影。アッという間に落ちてしまうサンセットに間に合わせるように、スタッフみんなでノースの1本道をとても急いで走ったな。

35　紗栄子

彼女がsweet初登場、初対面でのハワイロケ。色々な可能性を考え、持って行ったたくさんの衣装はトランク6個分にも！ さらに、ロストバゲッジのトラブルもあったりで、撮影時間も短い中、彼女の気合にはずいぶん助けられた思い出深い撮影。ノスタルジックなハワイをイメージして、少し甘めにコーディネートしていたのですが、彼女の潔い心意気に合わせて、スタイリングも削ぎ落とされた方向に。

36　中条あやみ

透明感のあるポカリスエットのCMを見て会ってみたいと思った彼女。撮影当時、まだ高校生だった彼女の若い感性と、リュクスなCHANELのコレクションがあいまった絶妙なモード感が魅力的でした。

37　有村架純

彼女の芯が強いピュアな雰囲気を生かしたいと思い、あえて現場でも用意していた靴をはかずに、裸足にノーアクセサリーで自由に動いてもらった撮影でした。現場のスタッフみんなで写真集が作りたいと盛り上がったな。

38　橋本 愛

“私はパールをつけなければアトリエには行かないわ”そんなココ・シャネルのタイムレスなパールのスタイルを、正統派美人でエッジ効いた彼女にスタイリング。甘いピンク、ノーブルなパープルに、無造作に重ねづけしたパールが新鮮。

39　広瀬すず

実際会ってみると、ピュアで輝きに満ちた彼女の存在感に可能性を感じずにはいられなかった。若さとエネルギーを秘めている彼女に同じくエネルギッシュなクチュールブランドをぶつけることで、フレッシュ感とハッピー感を表現したかった。

40　水原佑果

長身で手足がスラリと長いバービードールのような彼女の体型にはカラフルでポップな色×色のスタイリングがピッタリ。ヒールにソックス、ウエストマークのベルト、50年代のシネマヒロインのような イメージでまとめました。

41　桐谷美玲

この時、数年ぶりにお会いした彼女は、大人っぽさも増し、自信に満ち溢れていて——、そんな芯の強さを感じた部分を引き出したかった。服を見せるというよりは彼女のエモーションを表現したいと思った。

42　榮倉奈々

前日にショートヘアにしたばかりなの、切りすぎちゃったかも、そう照れた顔でスタジオに入ってきた彼女。ボーイッシュな魅力とヴァレンティノの砂糖菓子のように甘くロマンティックなドレスの相性は抜群でした。

43　太田莉菜

人気モデルとして、さまざまなモードなファッション撮影をこなしていた彼女に、あえて等身大のカジュアルな着こなしをスタイリング——。当時まだ10代だった莉菜ちゃんのモデルとしての勘のよさ、大人顔負けの聡明さに驚かされた。素の彼女を引き出したかったんですよね。

44　安藤ニコ

POPEYEの表紙を見て、ぜひ会ってみたいと思ったのがきっかけ。実際に彼女に会ってみると、森の中の小鹿のようで、だからこそハイブリッドなsacaiの真逆の世界観をぶつけてみようと思った。赤のレースブラウスやデニムのワンピースにハードな小物をコーディネート。大人びた感じにしたくなくて、そのままの彼女、その今っぽさも残したかった。

45　武井 咲

王道に美しい彼女を、そのまま直球で華美に装わせるのではなく、ミニマルでスポーティなスタイリングに。どんなコーディネートも女優ならではの表現力で着こなせてしまう姿が印象深かった。

46　前田敦子

AKB48を卒業してすぐの彼女。少女から大人の女性へと孵化する、そんな彼女の発するエネルギーに引き付けられるように服を現場でコーディネートした撮影。明るいイエローのドレスがとてもしっくりきた。

47　本田 翼

2016年AWのGUCCIは、色も小物もフォトジェニック。そんなキャッチーな服で、可愛らしさとボーイッシュな魅力を持つ彼女を表現したかった。

48　森 星

名前の通りキラキラした存在感で周囲の人にハッピーを与える彼女。いざ撮影がスタートすると、モデルとしてグッと世界に入り込んで、いろいろなものを着こなせる表現力の広さが魅力的だった。

49　剛力彩芽

お台場の夜景が見えるヘリポート。ライトアップされた都会のナイトシーンとモードな服を着る彼女の近未来的な雰囲気が交じり合った撮影でした。女優としてとてもタイトなスケジュールのなか、夜からの撮影に快く時間を作ってくれた彼女の今を生きるライブ感、疾走感がより写真に勢いとなって現れている気がします。

50　加藤ミリヤ

ライブ前のアーティストのバックステージがテーマ。彼女の持つカリスマ性をスタイリングに反映させたくて、まるで表舞台に出る前のシーンを演じてもらうかの如く、あえてオーバーリアクションに表情や動きを作ってもらって撮影しました。

51　道端ジェシカ

チャームポイントである長い手脚を強調したルックを身にまとった彼女を1カット1カット、背景の色を変えて、レトロポップに撮影。ヘアメイクも4カット、すべて違うように仕上げました。

52　沢尻エリカ

初めて会った瞬間からファッションや撮影の現場がすごく好きなんだなという姿勢が伝わってきた彼女。エミリオ・プッチのアイコニックなプリントドレスや、カラーコンビネーションが印象的なスタイリングを、まさにこう着て欲しいという動きで表現してくれた。

53	鈴木えみ	コケティッシュな表情のあるアイキャッチーなバッグとモデルが共演するかのように撮影。ダウンスタイルなイメージの強い彼女をかなりトップのほうで結んだポニーテールでモードに。全てのカットを同じ画角で、ポップなバッグとポップな彼女。
54	竹下玲奈	笑顔でハッピーなイメージが強い彼女に、いつもとは180度違う強いヘアメイクで、フォトジェニックでインパクトのあるキールックをチョイス。誌面のレイアウトも写真に合わせてグラフィカルに仕上げました。
55	土屋アンナ	揺るぎないパーソナリティを持つアンナちゃんには、何度も連載に登場してもらいました。この時は思いっきりロックに振ったコーディネートで、彼女らしい個性を引き立たせて。
56	森 泉	女らしいトレンチコートとボリュームのあるチュールのブラックドレス。いい女を象徴するようなアイテムをシックに着こなしてくれた泉ちゃん。彼女自身が持つ現代的でノーブルな雰囲気を映し出すことに力を注いだ撮影。
57	冨永 愛	日本を代表するスーパーモデルとしてコレクションで活躍する彼女。ファッションシューティングでの表現力はさすが！ズバ抜けていました。
58	青山テルマ	実際に会うと、とてもおおらかな柔らかいオーラを放つ彼女に、シンガーとしての軸はそのままに、私が創造する架空の女性を演じてもらった撮影。ディースクエアードのパワフルなコレクションが彼女にはぴったりだった。
59	浦浜アリサ	民族調なプリントと鮮やかな色使いが印象的なエトロのコレクションは、都内のスタジオに大量の赤土を敷き詰めて、ドラマティックなライティングで撮影。黒髪の彼女のエキゾチックな魅力をより引き出すべく、肌もメイクでタンニング。
60	加賀美セイラ 加賀美レイナ	ファッションとアートのコラボレーション。加賀美姉妹に共演してもらい、ミュウミュウのコレクションをツインズになるようにコーディネート。その世界感にぴったりの作品を、プシェメク・ソブツキさんに描き下ろしてもらいました。
61	橋本麗香	まるでお人形のように整った美しい顔を持つ彼女を、ツィギーをイメージしてスタイリング。仕上げのメイクがグッと60sなムードを引き出していました。表情とメイクがポイント。

62　高橋マリコ

色×柄。しっとりとした彼女のムードと、相反するカラフルな部屋とカラフルなスタイリングをテーマに撮影。

63　水川あさみ

NYブランドをテーマにブラックのグラデーションで、普段よく目にする彼女の印象とは少し違ったクールビューティなスタイリングを提案。

64　りょう

全てのルックにソックスをはかせ、モードなロリータをテーマに撮影。大人が着るには甘い少女のような服を、さらりと素敵な佇まいで魅せてくれた彼女に脱帽。

65　土屋アンナ

満開に咲き誇るバラ園で、ロマンティックに撮るつもりで伊豆へロケに向かったのですが、たまたま立ち寄った修善寺の歴史ある新井旅館があまりに素敵だったので、急遽そこで撮影することに。ロックな彼女のイメージと和なシチュエーション、レディなファッションという、一見ミスマッチなテイストが見事に融合したと思います。

66　松岡モナ

ケイタマルヤマのフラワーなコレクションを、彼女の持つインパクトのあるキャラクターを生かしたポージングで撮影。チャーミングだったな。

67　佐田真由美

あえてテーマを限定せずに彼女に似合うものを着せようと思った。彼女にはいつもドラマティックにスタイリングしたくなるところを、逆に日常を切り取ったようなシンプルかつ、削ぎ落としたコーディネートを提案。

68　岩堀せり

パステルトーンやレースなどの甘めな感じを、ハードなシルバーアクセやダンガリーの外しで、彼女らしいロックテイストにスタイリング。まさに、彼女だから完成される——そんなスタイル。

69　加賀美セイラ

バルーンスリーブのミニドレスの鮮やかなパープル。そして、レトロな柄のニットアンサンブル——。まさにフォトジェニックで大好きなスタイル。彼女の持ち味も生きているからこそ、ハッと目を引く写真に仕上がった。そして、愛犬イチゴも登場。

70　アンジェラ

ファーに、ブーツに、ハット。ロックTにスパンコール。その頃の私の定番アイテムでのスタイリング。彼女の個性の強さがスタイリングにさらなるパワーを与えてくてた。

71　理衣

黒は女の人の内面を引き出す色。連載を始めて間もない頃、カラフルな色が好きな私にしては珍しく黒をテーマにアイテムを集めた撮影——。黒でもやわらかい黒。帽子につけた白いリボンは、スタイリングの仕上げに思いついて巻いたもの。

72　菜々緒

彼女の凛としたハンサムウーマン的な魅力を生かしたスタイリングと、この時実はウイッグをかぶって撮影。シャープな印象からより女っぽさが加わって、新しい魅力を引き出せたように思えます。

73　萬波ユカ

会った瞬間、次の時代の人、という感じがした。すけすけのドレスを物怖じせずに大胆に笑顔で着こなしてくれた姿が印象的だった。初対面だった彼女から、元々看護師だったと聞いてびっくり。穏やかな中に、肝の据わった感じがあって、そのギャップがまた魅力的だった。

74　竹下玲奈

私が気になるアイテムやテイストをピックアップして、玲奈ちゃんに着てもらった撮影。当時からすでに私のスタイリングには、ハットが欠かせない存在。

75　麻宮彩希

彩希ちゃんが面白すぎて撮影中ずっと笑っていたような気がする。彼女はそんな独特なキャラクターの持ち主。ところが、カメラを向けると一転、サンローランのレザーのライダースやレオパード柄のドレスをとてもクールに着こなしてくれた。ロケ場所はいつも連載の打ち合わせをしているカフェ フィガロで、何気ない一瞬を切り取っているようなイメージ。

76　大政 絢

ビューティ誌で大人気だった彼女が、初めて連載に登場。蝶や花が舞っているヴァレンティノのシノワズリーな柄がもっとも好きなコレクションでした。こんな大胆な柄を気負いなく着こなしてくれた。

77　入夏

ティーンエージャーらしからぬアンニュイな魅力を持った彼女だからこそ着てもらいたいと思った、レイヤード感のあるコーディネート。ノスタルジックでレトロなムードの中に、フェミニンさのあるスタイリングに仕上げてみました。

78　平子理沙

撮影のテーマはカウガール。ピンナップガールのような女性らしいボディラインを持つ彼女のスタイルを生かした、アニマル柄のベアミニドレスやラッフルスカートを、フリンジやターコイズのアクセサリーで味付けして。

79　香里奈

女優としてモデルとして活躍する彼女が、今まで見せたことのないような新鮮さを引き出してみたかった撮影。ヘルシーなデニムで肌を見せたスタイリングを。

80 道端ジェシカ

パーフェクトなボディバランスでどんな服も最高に素敵に着こなしてくれる彼女ですが、フレンチロリータに仕上げるスタイリングが私は一番好き。サックスブルー、ギンガムチェック、ドッド……、ガーリーなアイテムに、ヘルシーな日焼け肌と長い手足のバランスが絶妙！

81 湊ジュリアナ

ハイファッションだけでなく、その時気になるフェアトレードブランドなども連載では取り上げていました。この回はジュリアナちゃんの優しいイメージとSHOKAYのコンセプトがぴったりはまった気がしています。

82 吉川ひなの

ハワイに拠点を移した彼女の伸びやかな美しさとこんがり焼けた肌に、クロエのボヘミアンなムードがリンク。いくつになっても少女のようなつぶらな彼女の瞳がスタイリングの最高のアクセント。

83 道端ジェシカ

ファストファッション。H&Mが日本に上陸したタイミングでの撮影。カジュアルからドレスアップまでコーディネートできる幅広いラインナップは当時衝撃的でした。

84 相沢紗世

正統派美人でしとやかな印象の彼女の、芯の強さをアン ドゥムルメステールのブラックの服で引き出した撮影。ヘアにかなりの量のエクステンションをつけ、ドキッとする印象深さのある写真。驚くほどの大変身！

85 黒木メイサ

スパンコール、フェザー、ハット、ダイヤモンド、スモーキーピンク――、当時、私が好きなアイテムを詰め込んだスタイリングが、ゴージャスな彼女には似合った。1カット1カットが映画のポスターのような、ロマンティックなストーリーを潜ませて。

86 佐々木希

マリアンヌ・フェイスフルの映画『あの胸にもういちど』のレザーのジャンプスーツからインスパイヤされたスタイリング。彼女の持つ小悪魔っぽさが引き出せたかなと思う撮影。

87 竹下玲奈

サーカスをテーマに、東京キネマ倶楽部で立て込みで世界観を作り上げた撮影。ヴァネッサ・パラディ主演の『橋の上の娘』がイメージソース。

88 宮沢りえ

連載最終回のスペシャルゲストとして登場してもらったりえちゃんは、ドレスを主軸に撮影。そこで表現したかったテーマは、この連載10年を通して伝えたかった、その人が一番輝く瞬間。クチュールドレスも、パンツルックも、素足にニットドレスにハットというコーディネートも、全て私の鉄板といえるスタイリングです。私にとって彼女は会うたびに底がもっと深くて引き出せるものがあるんじゃないかと創造力をかきたてられる存在。

FURLA

DSQUARED

LOVE

PART 5

LOOK BACK ON 10 YEARS

『sweet』連載10年を振り返って……

2006年の連載スタート時より編集に携わる『sweet』編集長・渡辺佳代子と共に、連載の撮影秘話や、この10年におけるモデル、ファッションのトレンドの変遷などについて語ります。

渡辺　敬子さんの連載も10年経ちましたね。長かったような短かったような……。

佐々木　私は楽しくて続けていたら、あっという間に10年経ったという感じ。途中、何回かお休みしたこともあるけれど、やめたいとかやめようって話には全くならなったよね。渡辺さんとは喧嘩することもなく、関係性も何も変わっていない……(笑)。

渡辺　喧嘩とかしたくないですもん。現場担当の編集者は何度か変わっているけれど、最初から変わっていないのは私だけ。腐れ縁ですね(笑)。

佐々木　連載が始まった頃は、二人でよく打ち合わせしてたよね。

渡辺　一度の撮影のために5～6回はしましたね(笑)。しかも建設的な打ち合わせというよりは無駄に話しているだけのことも多くて……。

佐々木　大体どちらかが時間切れで、「また今度」となって、次の日会うみたいな(笑)。モデルにしてもブランドにしても、ひとつのことを決めるのにすごく時間がかかっていた。

渡辺　私が候補をいっぱい挙げても敬子さんはダメ出しばかりで、「うーん」と唸っている(笑)。でも無理やり通しても、最後まで引っかかって変更することになったり、後悔されるのをわかってからは、「うーん」と言われてもスルーしないことにしたんです(笑)。

佐々木　深い後悔になるよね……。写真選びとか悩んだものは、結局、選び直したりしてね。

渡辺　今なら一本電話を入れて簡単に済ませられることも、当時はどこか一カ所直すだけでも二人で会議(笑)。スタッフ選びに関しても、当時はモード誌をやっている人はモード誌だけ、ギャル誌をやっている人はギャル誌だけ、と雑誌のジャンルで完全に住み分けされていたところを敬子さんが壊しましたよね。「はじめまして」のスタッフにも積極的にオファーしました。

佐々木　その時代はモード系のカメラマンがタレントを撮るなんてほとんどなかったよね。それがこの連載の目的のひとつでもあったの。もともと接点のなかったスタッフと一緒に仕事をしてみたい。そういう人たちと、今まで見たことのない、新しいものを作り上げたい、という思いからスタートしてるから。

渡辺　今でこそジャンルの垣根がなくなって、カメラマンやヘアメイクがいろんな仕事をするのは普通のことだけど、あの頃は『sweet』も売れてなかったし、知名度もなかったし、オファーの電話をかけるだけですごく緊張しましたね。

佐々木　毎月ドキドキだったよね。連載のビジュアルはテーマありきというより、スタッフみんなで作り上げていきたかったから、お互いやりたいことをコミュニケーションの中ですり合わせていくんだけど、やっぱり初めての人とは緊張した……。

渡辺　敬子さん、緊張する上に人見知りだから全然思っていることを言わないんだもん（笑）。なのに絶対妥協しないから、ずっと「うーん」と唸ってる（笑）。

佐々木　基本、言えないタイプなのよ（笑）。言い方とかタイミングとか、相手がどう思うか考えてしまうから。

渡辺　強面《こわおもて》のスタイリストと思われているけど、実は非常に気を使うタイプなんですよね。意見の相違でもめることは私は仕方ないと思うけど、敬子さんは絶対、被写体を含めたスタッフ全員が気持ちよく終わらないと嫌。だから相手に嫌な思いをさせないように、直接言いづらいことを誰かを介して伝えようとしたり、回りくどい表現をしたり、面倒くさい時もあるけど（笑）、そこまで人のことを考えられるのはすごいと思う。

佐々木　撮影現場の雰囲気は全部写真に表れると思っているから。スタッフが楽しい気持ちだった撮影は、やっぱり仕上がりもいいんだよね。

渡辺　敬子さんがディレクションするページのビジュアルが圧倒的にいいのは、そういう部分が関係しているのかも。被写体やスタッフのメンタルまで含めた何かが写真にも出るというか。

佐々木　全員が同じ方向でものを作り上げるエネルギーだよね。撮影ではそれを一番大切にしているかも。だから現場の雰囲気が大事。

渡辺　とはいえ、現場の雰囲気で撮影を流さないですよね。モデルが可愛くて、有能なスタッフを揃えたら、普通に撮影すれば絶対可愛くなるじゃないですか。他の現場では最初にモニターを見て可愛い！　となったら、その勢いで進んでいくことが多いけど、敬子さんは止める（笑）。小物や靴をちょこちょこ替えたり、ヘアメイクとのバランスを見てスタイリングを手直ししたり、全体の可愛いという雰囲気だけで流されないから、見ているところが違うんだなと思わされますね。

それまでの雑誌の枠にとらわれない新しい誌面を作りたかった
——佐々木

敬子さんは撮影現場の雰囲気を含めてディレクションする　——渡辺

佐々木　きっと、細かいんだよね。

渡辺　事前にスタイリングを組んでいても撮影中に変わることもよくあるので、どの現場も、予備を含めた衣装のリース量が半端ない。海外ロケにもすごい量の服や小物を持ってきてくれますよね。

佐々木　衣装はどれだけパッキングするんだっていうくらい、スーツケースが何個にもなるし、ハイジュエリーやボリューム感のあるドレスなど、「それ、海外ロケに持っていきますか?」というものが多いよね（笑）。ページの仕上がりを最優先したいから、海外ロケだから荷物を少なくしようとか軽くしようという発想がないのかも。

渡辺　ＳＨＩＨＯさんとモロッコに行った時のドレスが超重かった（笑）。シャンデリアみたいな装飾で……。

佐々木　プラダのドレスね。

渡辺　砂漠にある世界遺産の街で撮影したり、ラクダを使ったり、とにかく豪華なロケでした。そういえば、あのモロッコロケでも、1カット撮り直したいと相談されましたよね。

佐々木　そうだったね……。

渡辺　「撮り直したい」という一言を簡単に言いだせなくて、私が夜に呼び出されて（笑）。まだスタッフの誰にも伝えていないし、文句を言われた訳でもないのに、一人で悶々《もんもん》と悩んでましたよね。

佐々木　スタッフみんなが納得して終わった撮影を否定すると、次から何を信じればいいの? って話になるじゃない? 私もその写真がダメだと思っているわけではなく、より良いものが撮れるかも、と思っていただけで。

渡辺　結局、ＳＨＩＨＯさんも撮り直そうと快く引き受けてくれて、再撮したんですよね。

佐々木　そうだったね。撮り直した写真しか印象になくて、最初に撮ったものがどんなだったか忘れちゃったけど（笑）。

渡辺　思い返すと、敬子さんとは海外ロケも随分行きましたね。

佐々木　行ったね。

渡辺　紗栄子ちゃんとは初対面で海外でした。

佐々木　初めましてなのに、スーツケースを全部、空港で没収されてね。

渡辺　スタッフ全員、手ぶらでマウイ島に行くという（笑）。後日、スーツケースは返してもらえ、無事撮影できたけれど、なかなか緊張感のあるロケでした。

佐々木　今では紗栄子ちゃんも『ｓｗｅｅｔ』のカバーモデルとして大人気だもんね。

渡辺　梨花さんが『ｓｗｅｅｔ』を卒業した後、メインモデルの一人になってくれましたから。そう考えると、モデルの顔ぶれもこの10年でかなり変わりましたね。

佐々木　確かに。タレントさんがモデルを兼ねることが増えたし、雑誌に登場するモデルのバランスも変わったよね。梨花ちゃんがカバーモデルをしていた時代は身長１６０㎝台後半でも小さいと言われていたけど、今は１６０㎝ない女の子でもモデルとして活躍できる。

渡辺　小さくても良くなったというより、モデルもキャラクター重視になったというか。

佐々木　そう。服を綺麗に見せるだけでなく、服を着る人のパーソナリティーがモデルの仕事として求められるようになったよね。

渡辺　昔は20代後半のモデルたちが30歳過ぎたらモデルを続けられないと悩んでいたのに、今や40代になってもバリバリ現役。一生モデルとして生きていけそうですよね。ファッションだけでなく、ライフスタイルや生き方にフォーカスされる時代になったから、モデルの生き方そのものが注目されるようになった。たかだか10年くらいでこんなに劇的に変わるなんて不思議。

佐々木　でも、海外だと年齢だけで判断されないじゃない？　年齢を重ねたなりの魅力があるというか。日本では女性が年をとるのはいけないという考え方が強かったけど、それが変わってきたのはいいことだよね。

渡辺　文化が変わってきたということですかね。10年間に本当にたくさんの女優さんやモデルさんに登場してもらいましたが、この連載をきっかけに、表紙モデルになる人も多かったんですよね。

佐々木　紗栄子ちゃんもそうだし、ローラちゃんやこじはるちゃんもだね。

渡辺　敬子さんのスタイリングや作り上げる世界観なら出演したいと言ってくださる女優さんやタレントさんも多くて。だから、ちょっと気になる人は、まず連載の撮影で会ってみるようにしていました（笑）。

佐々木　最近特に、個人的に会ってみたい女優さんやタレントさんにオファーしてたね（笑）。

渡辺　ファッションに関して言えば、この10年で一番大きな話題は、ファストファッション（ＴＯＰＳＨＯＰ、Ｈ＆Ｍなど）の上陸ですかね？

佐々木　そうだね。トレンドをリーズナブルに買えるファストファッションが続々と上陸して、ファッション業界

モデルの顔ぶれは この10年で大きく変わり、 個性が大切になった
——**佐々木**

の流れは確実に変わったよね。でも、歴史や流行の変遷という意味ではここ10年のファッションは、つい最近のことにしか感じない（笑）。自分のことで言うと、20代後半から好きなものがあまり変わっていないのと、もともとトレンドに大きく左右されることがないから、ファッションにも大きな変化があったように感じないのかも。

渡辺　確かに。ネット通販やファッションアプリなど服を買う方法は随分変わりましたけどね。

佐々木　10年前といえば、LAカジュアル人気が落ち着いた頃か……。

渡辺　『sweet』では、梨花さん発信で白いコットンドレスにカンカン帽が一大ブームになっていましたね。シェルやWRを先駆けに、デイシーやブロンディ、リッチといった同世代のデザイナーが手掛けるガールズブランドが上り調子だった時代。そして、今では大人気ブランドのスナイデルが誕生したのも10年前だったんですよ。

佐々木　そうだ、スナイデル10周年だね。やっぱり最近のことにしか思えない（笑）。

渡辺　敬子さんがディレクションに携わって大きくなったブランドも幾つもありましたよね。ローズブリット、キットソン、ドロシーズ、ザ ヴァージニア、MYLAN……。

佐々木　こうして振り返ってみると、結構あるね（笑）。

渡辺　ブランドもだけど、敬子さん発信で流行ったものも多い。色×色のコーディネートに始まり、アイテムで言えば、グローブ・トロッターとか。

佐々木　トロッターって、昔は誰も持っていなかったよね。可愛いね、どこの？と聞かれることが多くて、モデルや業界人の間で広まって一般的に人気になったけど。そう考えると、帽子もかな？

渡辺　確かに、帽子といえば敬子さんのイメージですね。

敬子さんの世界観に タレントや女優も出演を 希望してくれるように ——渡辺

佐々木　帽子なんて基本、スタイリングで使ってはいけないものだったからね。仕事に着ていく服には合わせられないし、一般の人は日常的にかぶらないとされていたもの。

渡辺　それが今では、スタイリングに欠かせない重要な小物のひとつになりましたよね。帽子を合わせるだけでスタイリングがぐっとこなれて見える、敬子さんマジック。敬子さんが使い始めて一般的になったものは他に、ベアフットドリームスのようなモコモコのルームウエア、キャンドル、マッサージオイル、エネルギースプレー……挙げるとたくさん！　女の子であることを存分に楽しめるようなアイテムを教えてくれ、日本のファッションやライフスタイルも随分変わったと思います。海外ロケの流れでモロッコもブームになりましたよね。かごバッグやバブーシュ、カフタン……。フレンチモロッコなインテリアも流行った。

佐々木　そうだね。キットソンのモロッコフェアで、現地に買い付けに行ったこともある。

渡辺　敬子さんには先見の明があって、「3年後に流行るよ」と言ったものは、大体その通りになるんだけど、世の中で流行った頃には自分はとっくに次に行っちゃっていて（笑）。『sweet』ではタイムリーに取り上げたいから、説得してやってもらったことが何回もありますよね。

ファッションで10年というくくりは最近に感じる（笑）

——佐々木

佐々木　「一般的に流行るのはこれからだから、やり続けてください」ってよく渡辺さんに言われたよね（笑）。

渡辺　気持ちが次に向かっているのはわかるけど、流行ってる時に誌面にしないとね。最近で言うと、敬子さんが手掛けるブランド、MYLANが業界周辺の人から人気ですよね。

佐々木　ありがたいことにね。ライフスタイル提案のブランドは、実はかなり昔から構想があったの。でもその時代にやっていたらハシリすぎて失敗していたと思う（笑）。

渡辺　まだ世の中のみんなが服に一番興味があった時代でしょ?

佐々木　そうそう。その頃から、おしゃれなタオルとシーツとキャンドルを作りたい!って散々言い続けていたの。

渡辺　そのうち佐々木さんが集めている石も流行りそう（笑）。

佐々木　もう流行っていると思ってたけど（笑）、もっと流行るのかもね。少し前だったら、石を買うと「大丈夫?」と心配されていたけど、私の中では当たり前のことすぎて……。

渡辺　いろいろありますね（笑）。この10年の間にもいろんなことがありましたが、『sweet』での連載は一旦締めくくることになりましたね。

佐々木　この10年で『sweet』の連載でやりたいことはたくさんやらせていただいたし、お姉さん雑誌である『otona MUSE』での連載もスタートして、ひとつの節目として、一冊にまとめる機会をいただいて、本当に感謝しています。

渡辺　連載は終了しますが、敬子さんが気になる子がいて、こんなビジュアルを作りたいという時はいつでもお待ちしていますので、『sweet』共々、これからもよろしくお願いいたします!

佐々木　こちらこそ、よろしくお願いします。ありがとうございました。

E
S
O
N

MEET
INGS
KILL
CREAT
IVITY

CUISINE
Française

ATLANTIQUE
Depuis 1969
CUISINE

Française
CHEZ
FIGARO

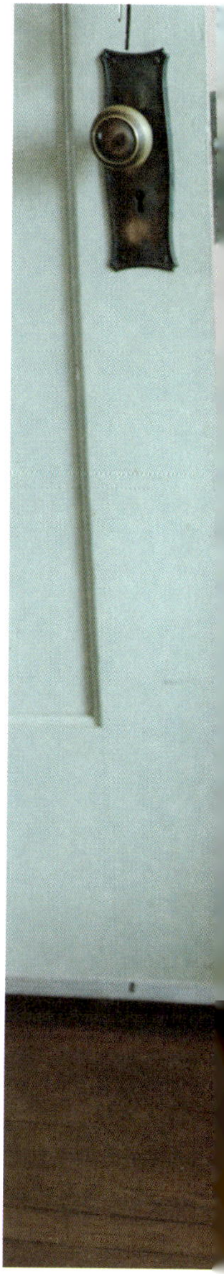

PICTURE CREDITS

4 2012.9月号
p_WATARU [eight peace]
h_HANJEE [SIGNO]
m_HITOSHI NOBUSAWA
mo_SATOMI ISHIHARA

3 2013.3月号
p_KAZUYOSHI SHIMOMURA [UM]
hm_KEIKO NAKATANI [Allure]
mo_AYA UETO

2 2015.12月号
p_TISCH [UM]
hm_YUSUKE KAWAKITA
mo_JUN HASEGAWA

1 2009.9月号
p_WATARU [eight peace]
h_KOICHI NISHIMURA [angle]
m_UDA
mo_RINKA

8 2016.11月号
p_KAZUYOSHI SHIMOMURA [UM]
hm_ICHIKI KITA [Permanent]
mo_MIHO KANNO

7 2013.8月号
p_KAZUYOSHI SHIMOMURA [UM]
h_RYOJI IMAIZUMI [SIGNO]
m _ MICHIRU [3rd]
mo_ROLA

6 2014.9月号
p_MOTOHIKO HASUI [W]
hm_NAOYUKI AKAMA [Koa Hole]
mo_FUMI NIKAIDOU

5 2011.9月号
p_MIKA NINAGAWA [LUCKY STAR]
h_HANJEE [SIGNO]
m_RIKA MATSUI [A.K.A.]
mo_KIKO MIZUHARA

12 2007.4月号
p_ND CHOW
h_TETSU
m_HINA DOI [AVGVST]
mo_MAYUMI SADA

11 2013.11月号
p_KAZUYOSHI SHIMOMURA [UM]
hm_YUSUKE KAWAKITA
mo_EIMI KURODA

10 2014.2月号
p_KAZUYOSHI SHIMOMURA [UM]
hm_YUSUKE KAWAKITA
mo_YOUN-A

9 2013.10月号
p_KEISUKE FUKAMIZU
h_RYOJI IMAIZUMI [SIGNO]
m_MICHIRU [3rd]
mo_KOZUE AKIMOTO

16 2014.3月号
p_KAZUYOSHI SHIMOMURA [UM]
h_HIRO TSUKUI [Perle management]
m_ KAZUKO HAYASAKA [W]
mo_HINANO YOSHIKAWA

15 2014.6月号
p_KAZUYOSHI SHIMOMURA [UM]
h_EIJI KADOTA [SIGNO]
m_MARIKO SHIMADA [UM]
mo_ANNE NAKAMURA

14 2014.11月号
p_YUJI TAKEUCHI [BALLPARK]
h_ HIRO TSUKUI [Perle management]
m_SHINOBU IGARI [BEAUTRIUM]
mo_NANA KOMATSU

13 2006.2月号
p_TAKASHI KUMAGAI
h_SHINYA
m_HINA DOI [AVGVST]
mo_BRENDA

p=photo / h=hair / m=make-up / hm=hair & make-up / na=nailist / il= illustrator / mo=model

20 2014.12月号
p_KEISUKE FUKAMIZU
h_RYOJI IMAIZUMI [SIGNO]
m_MICHIRU [3rd]
mo_YOUN-A

19 2008.6月号
p_TAKASHI NOGUCHI [San Drago]
h_KOICHI NISHIMURA [angle]
m_Yoshi.T [AVGVST]
mo_KANA OYA

18 2016.7月号
p_SASU TEI [W]
h_RYOJI IMAIZUMI [SIGNO]
m_MICHIRU [3rd]
mo_MARIYA NISHIUCHI

17 2013.5月号
p_KAZUTAKA NAKAMURA
[MAKIURA OFFICE]
hm_SAKURA [Allure]
mo_SAEKO

24 2012.3月号
p_KAZUYOSHI SHIMOMURA [UM]
hm_KEIZO KURODA [Three PEACE]
mo_HARUNA KOJIMA

23 2008.5月号
p_TAKASHI KUMAGAI
h_TAKU [CUTTERS]
m_UDA
mo_SONOYA

22 2011.10月号
p_YASUNARI KIKUMA [symphonic]
h_TAKÉ [3rd]
m_MICHIRU [3rd]
mo_RINA OHTA

21 2008.4月号
p_TAKASHI NOGUCHI [San Drago]
h_KOICHI NISHIMURA [angle]
m_Yoshi.T [AVGVST]
mo_SERI IWAHORI

28 2008.1月号
p_TAKASHI NOGUCHI [San Drago]
h_KATAYAMA
m_UDA
mo_JUN HASEGAWA

27 2010.5月号
p_KAZUTAKA NAKAMURA
[MAKIURA OFFICE]
h_HIRO TSUKUI [Perle management]
m_KAZUKO HAYASAKA [W]
mo_SHIHO

26 2012.1月号
p_MIKA NINAGAWA [LUCKY STAR]
h_KOICHI NISHIMURA [angle]
m_KAZUKO HAYASAKA [W]
mo_COCO KINOSHITA

25 2015.7月号
p_SAYO NAGASE
hm_HITOSHI NOBUSAWA
mo_ERIKA MORI

32 2016.6月号
p_KEISUKE FUKAMIZU
hm_NORIKATA NODA
mo_ANNE NAKAMURA

31 2011.8月号
p_TAKASHI KUMAGAI
hm_MASARU HAMADA
mo_YU YAMADA

30 2012.8月号
p_MIKA NINAGAWA [LUCKY STAR]
h_HIRO TSUKUI [Perle management]
m_KAZUKO HAYASAKA [W]
mo_KIKO MIZUHARA

29 2013.9月号
p_TAKASHI KUMAGAI
h_HIRO TSUKUI
[Perle management]
m_KAZUKO HAYASAKA [W]
mo_JESSICA MICHIBATA

36 2015.8月号
p_KISIMARI [W]
h_TAKU [CUTTERS]
m_NORIKATA NODA
mo_AYAMI NAKAJO

35 2012.4月号
p_ KAZUTAKA NAKAMURA
[MAKIURA OFFICE]
h_HIRO TSUKUI [Perle management]
m_KAZUKO HAYASAKA [W]
mo_SAEKO

34 2010.12月号
p_MAYUMI KOSHIISHI [MILD]
h_JUNYA [UM]
m_NORIKATA NODA
mo_SHIHO

33 2009.4月号
p_ND CHOW
h_TAKAYUKI HAZAMA [roraima]
m_KAZUKO HAYASAKA [W]
mo_JESSICA MICHIBATA

40 2015.4月号
p_TISCH [UM]
h_HIRO TSUKUI [Perle management]
m_KAZUKO HAYASAKA [W]
mo_YUKA MIZUHARA

39 2016.4月号
p_AKINORI ITO [aosora]
h_RYOJI IMAIZUMI [SIGNO]
m_MICHIRU [3rd]
mo_SUZU HIROSE

38 2013.12月号
p_MITSUO OKAMOTO
h_RYOJI IMAIZUMI [SIGNO]
m_MINA [SIGNO]
mo_AI HASHIMOTO

37 2016.1月号
p_TISCH [UM]
hm_YUSUKE KAWAKITA
mo_KASUMI ARIMURA

44 2016.8月号
p_KISIMARI [W]
h_RYOJI IMAIZUMI [SIGNO]
m_KAZUKO HAYASAKA [W]
mo_NICO ANDO

43 2006.12月号
p_TAKASHI NOGUCHI [SanDrago]
h_YAS [M0]
m_KAZUKO HAYASAKA [W]
mo_RINA OHTA

42 2013.2月号
p_MOTOHIKO HASUI [W]
hm_YUSUKE KAWAKITA
mo_NANA EIKURA

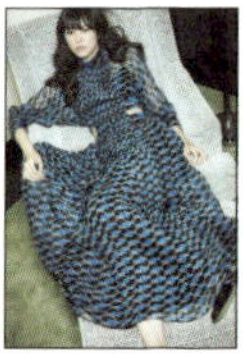

41 2016.3月号
p_KAZUYOSHI SHIMOMURA [UM]
h_HIRO TSUKUI [Perle management]
m_NORIKATA NODA
mo_MIREI KIRITANI

48 2015.11月号
p_HIROTSUGU SODA [WILHELMINA]
h_DAI MICHISHITA
m_YUKA WASHIZU
[BEAUTY DIRECTION]
mo_HIKARI MORI

47 2016.9月号
p_MOTOHIKO HASUI [W]
hm_YUSUKE KAWAKITA
mo_TSUBASA HONDA

46 2014.1月号
p_YUJI TAKEUCHI [BALLPARK]
h_HIRO TSUKUI [Perle management]
m_MICHIRU [3rd]
mo_ATSUKO MAEDA

45 2016.2月号
p_AKINORI ITO [aosora]
hm_AYUMI TAKESHITA
mo_EMI TAKEI

49 2012.10月号
p_MASASHI IKUTA
[MAKIURA OFFICE]
hm_MEGUMI OCHI
[volonte/MINGLE]
mo_AYAME GORIKI

50 2009.10月号
p_ KAZUYOSHI SHIMOMURA[UM]
hm_EITA[Iris]
mo_MIRIYAH KATO

51 2012.2月号
p_KAZUTAKA NAKAMURA
[MAKIURA OFFICE]
h_ HIRO TSUKUI[Perle management]
m_KAZUKO HAYASAKA[W]
mo_JESSICA MICHIBATA

52 2007.10月号
p_ KAZUYOSHI SHIMOMURA[UM]
hm_NORIYOSHI YAMADA[e.a.t...]
mo_ERIKA SAWAJIRI

53 2015.5月号
p_ KAZUYOSHI SHIMOMURA[UM]
h_RYOJI IMAIZUMI[SIGNO]
m_SADAFUMI ITO[donna]
mo_EMI SUZUKI

54 2011.4月号
p_ KAZUYOSHI SHIMOMURA[UM]
h_KOICHI NISHIMURA[angle]
m_YUSUKE KAWAKITA
mo_RENA TAKESHITA

55 2008.10月号
p_TAKASHI KUMAGAI
h_KANADA[LAKE TAJO]
m_NORIKATA NODA
mo_ANNA TSUCHIYA

56 2006.6月号
p_TAKASHI NOGUCHI[SanDrago]
h_AZUMA for MONDO[W]
m_RYUJI[MINGLE]
mo_IZUMI MORI

57 2008.3月号
p_YASUNARI KIKUMA[symphonic]
h_KOICHI NISHIMURA[angle]
m_KOSHINO
mo_AI TOMINAGA

58 2008.11月号
p_KAZUYOSHI SHIMOMURA[UM]
h_KOICHI NISHIMURA[angle]
m_KAZUKO HAYASAKA[W]
mo_THELMA AOYAMA

59 2008.2月号
p_ KAZUYOSHI SHIMOMURA[UM]
hm_KYOKO FUKUZAWA
[Perle management]
mo_ALISA URAHAMA

60 2011.1月号
p_KEIICHI NITTA
h_KOICHI NISHIMURA[angle]
m_KAZUKO HAYASAKA[W]
il_PRZEMEK SOBOCKI[AVGVST]
mo_SEIRA KAGAMI, LEYNA KAGAMI

61 2006.4月号
p_ KAZUYOSHI SHIMOMURA[UM]
hm_EITA[Iris]
mo_REIKA HASHIMOTO

62 2009.1月号
p_MIKA NINAGAWA[LUCKY STAR]
h_ABE[M0]
m_NORIKATA NODA
mo_MARIKO TAKAHASHI

63 2007.11月号
p_TAKASHI NOGUCHI[SanDrago]
hm_KEIZO KURODA[Three PEACE]
mo_ASAMI MIZUKAWA

64 2009.2月号
p_YASUTOMO EBISU
h_TAKU[CUTTERS]
m_UDA
mo_RYO

68 2010.6月号
p_KAZUTAKA NAKAMURA
[MAKIURA OFFICE]
h_TAKÉ [3rd]
m_KAZUKO HAYASAKA [W]
mo_SERI IWAHORI

67 2012.5月号
p_YUJI TAKEUCHI [BALLPARK]
hm_YUSUKE KAWAKITA
mo_MAYUMI SADA

66 2015.1月号
p_TISCH [UM]
h_HIRO TSUKUI [Perle management]
m_SADAFUMI ITO [donna]
mo_MONA MATSUOKA

65 2009.8月号
p_KAZUYOSHI SHIMOMURA [UM]
hm_Michou. [C-LOVe]
mo_ANNA TSUCHIYA

72 2014.8月号
p_KEISUKE FUKAMIZU
hm_YUSUKE KAWAKITA
mo_NANAO

71 2006.8月号
p_INDIGOLIGHT
h _SHINYA
m_HINA DOHI [AVGVST]
mo_RIE

70 2008.12月号
p_ND CHOW
h_KOICHI NISHIMURA [angle]
m_NORIKATA NODA
mo_ANGELA

69 2011.5月号
p_FUMI KIKUCHI [impress]
h_KOICHI NISHIMURA [angle]
m_KAZUKO HAYASAKA [W]
mo_SEIRA KAGAMI

76 2014.7月号
p_KAZUYOSHI SHIMOMURA [UM]
hm_YUSUKE KAWAKITA
mo_AYA OMASA

75 2015.3月号
p_KEISUKE FUKAMIZU
h_RYOJI IMAIZUMI [SIGNO]
m_KAZUKO HAYASAKA [W]
mo_SAKI ASAMIYA

74 2011.11月号
p_MASASHI IKUTA
[MAKIURA OFFICE]
h_KOICHI NISHIMURA [angle]
m_MARIKO SHIMADA [UM]
mo_RENA TAKESHITA

73 2016.10月号
p_ YUJI TAKEUCHI [BALLPARK]
h_KOICHI NISHIMURA [angle]
m_KAZUKO HAYASAKA [W]
mo_YUKA MANNAMI

80 2011.3月号
p_KENSHU SHINTSUBO
h_MATSU KAZ [3rd]
m_TAKASHI HOSHI [SIGNO]
mo_JESSICA MICHIBATA

79 2009.7月号
p_KAZUTAKA NAKAMURA
[MAKIURA OFFICE]
h_KOICHI NISHIMURA [angle]
m_KAZUKO HAYASAKA [W]
mo_KARINA

78 2009.5月号
p_KAZUTAKA NAKAMURA
[MAKIURA OFFICE]
hm_HITOSHI NOBUSAWA
mo_RISA HIRAKO

77 2007.12月号
p_TAKASHI KUMAGAI
hm_SADAE SASAKI
mo_IRUKA

84 2007.9月号
p_TAKASHI KUMAGAI
hm_KATSUYA KAMO[mod' s hair]
mo_SAYO AIZAWA

83 2008.8月号
p_KAZUTAKA NAKAMURA
[MAKIURA OFFICE]
h_ KOICHI NISHIMURA[angle]
m_SAKURA[Allure]
mo_JESSICA MICHIBATA

82 2015.10月号
p_YOKO TAKAHASHI
hm_MIKAKO KIKUCHI[TRON]
mo_HINANO YOSHIKAWA

81 2009.12月号
p_KENSHU SHINTSUBO
hm_IZUMI OKADA[KiKi inc.]
mo_JULIANA MINATO

88 2016.12月号
p_ TISCH[UM]
hm_KEIKO CHIGIRA[cheek one]
na_KANAKO MIURA[Three PEACE]
mo_RIE MIYAZAWA

87 2012.6月号
p_ YUJI TAKEUCHI[BALLPARK]
h_ HIRO TSUKUI[Perle management]
m_KAZUKO HAYASAKA[W]
mo_RENA TAKESHITA

86 2012.11月号
p_KAZUYOSHI SHIMOMURA[UM]
hm_YUSUKE KAWAKITA
mo_NOZOMI SASAKI

85 2010.11月号
p_MAYUMI KOSHIISHI[MILD]
hm_AKEMI NAKANO
[AIR NOTES]
mo_MEISA KUROKI

BOOK CREDITS

Art Direction & Design	Store Inc.
Writer	TAKAKO TSURIYA
Editor & Writer	KAORI SUTO
Editor	KAYOKO WATANABE
	TOMOKO KODERA
Special Thanks	MAKI KONIKSON, YUMIE KAZAMA

私のライフワークでもあった連載がこうして一冊の本となり
今ずっしりとその重みを感じています。

序文にもありましたが、
この連載を10年続けてこれたのは
多くの方々のご尽力があったからだと思っています。

渡辺編集長はじめ、歴代編集担当の、
加藤さん、高瀬さん、天野さん、山口さん、
そしてこの本の制作に関わって頂いた
編集の小寺さん、須都さん、ライターの釣谷さん、
デザイナーの齋藤さん、大久保さん

本当にありがとうございました。

本書を手にとって下さった全ての方々に――

愛と感謝を込めて――

佐々木敬子

佐々木敬子　Keiko Sasaki

Stylist、Fashion Director、株式会社「MYLAN」CEO兼プロデューサー

広告やCM、雑誌など幅広いジャンルのスタイリストとして活躍。常に時代を牽引し、女性の個性と魅力を引き出すエッジィなスタイリングで、女優やモデル、アーティストから絶大な支持を得る。ファッションブランドやジュエリーブランド等のディレクションやコラボレーションなども数多く手がける。2013年より、自身のブランド「MYLAN」をスタートさせ、ファッションをはじめ大人の上質なライフスタイルを提案。

Instagram　@keikosasaki_mylan
MYLAN Web site　http://www.house-of-mylan.com

A FASHION *Life*
KEIKO SASAKI 2006-2016.

2016年12月22日　第1刷発行

著者	佐々木敬子
発行人	蓮見清一
発行所	株式会社宝島社
	〒102-8388
	東京都千代田区一番町25番地
	電話　編集：03-3239-0926
	営業：03-3234-4621
	http://tkj.jp
印刷・製本	凸版印刷株式会社

ISBN978-4-8002-5885-4